Dirk Gieselmann

Der Inselmann

Dirk Gieselmann

Der Inselmann

Roman

Kiepenheuer & Witsch

In meinem Schatten werde ich getragen
wie eine Geige
in ihrem schwarzen Kasten.

Das einzige, was ich sagen will,
glänzt außer Reichweite
wie das Silber
beim Pfandleiher.

TOMAS TRANSTRÖMER

I.

Es war so kalt, dass selbst der Wind fror. Um neun sollte der Kahn kommen und sie auf die Insel bringen: den Vater, die Mutter und den Jungen. Jetzt war es zwölf und noch immer kein Kahn in Sicht. Nahtlos und weiß stand der Himmel über dem See. Alles war eins, und alles war nichts.

Längst war hinter den Kiefern das Tuckern des Lasters verstummt, der sie hier abgeladen hatte, an den leeren Stegen, der leeren Reede, sie und alles, was sie besaßen: ein paar Säcke und Kisten, eine Truhe, drei Stühle, einen Rost und zehn Bretter, die ein Bett gewesen waren und es wieder werden sollten, eine Matratze und ein Schaukelpferd, das im Frost grinste wie ein Harlekin. Das war, was sie hatten, und das, was sie waren: Schiffbrüchige, bevor die Überfahrt begonnen hatte.

Das kann doch nicht sein, sagte der Vater immer wieder, mehr zu sich selbst als zur Mutter und zum Jungen. Von Zeit zu Zeit griff er aus in Richtung der Insel, die sich im metallischen Dunst verbarg, als wollte er sie zu sich herüberziehen. Dann versenkte er seine Hände wieder im Mantel, die nutzlos gewordenen Werkzeuge, ging ein paar Schritte und fluchte vor sich hin. Er war noch nicht alt, doch schon gebückt und abgezehrt. Dünn und grau rauchte sein Haar unter der wollenen Mütze hervor.

Die Mutter kauerte auf einer der Kisten, in Filzdecken gehüllt, auf die der Raureif sich legte, und sagte kein Wort. Ihr Gesicht war eine gläserne Maske. Aus der Nase blies sie dünne Wolken. Sie schien zu schlafen oder tat so, als ob. Vielleicht betete sie auch, weiß der Himmel, zu wem.

Das kann doch nicht sein, sagte der Vater erneut. Wo bleibt der Idiot? Was zu tun wäre, wenn es bald dunkel und noch kälter würde, wohin sie sich dann wenden sollten, das wusste er nicht. Es waren acht Tage bis Weihnachten.

Der Junge stand abseits am Ufer und schaute aufs Wasser hinaus. Die Eltern hatten von einem See gesprochen, auf dem sie bald leben würden. Doch was er hier vor sich sah, kam ihm vor wie das weite Meer. Kann es sein, dachte er, dass da draußen Amerika liegt?

Na dann, hatte der Fuhrmann gesagt und war zurück in den Laster gestiegen, viel Glück noch.

Jetzt war es still.

Wie kann etwas, dachte der Junge, das so groß ist wie dieser See, keinen Laut von sich geben? Jemand müsste es erforschen.

Das Glück, von dem der Fuhrmann gesprochen hatte: Wartete es in dem Jungen, bis er es brauchen würde? Er war zehn Jahre alt, und er wusste: Wenn er nicht erfröre, würde heute sein Leben beginnen. Er wusste es, wie nur ein Kind es wissen kann, auch wenn es falsch sein mag.

Sie waren ein Teil der Kälte geworden, der Vater, die Mutter und der Junge, ein Teil des Winters und des Frosts und warteten noch immer auf den Kahn, der sie zur Insel bringen sollte.

Die Mutter hatte sich steif erhoben und stand jetzt auf dem Steg. Der Atem gefror und taute in den Tüchern um ihren Kopf, gefror und taute, gefror und taute.

Das kann doch nicht sein, sagte der Vater wieder und wieder, als hätte er nur das noch zu sagen gehabt. Er blickte auf die Uhr an seinem Handgelenk: Es ging schon auf eins zu. Hinter ihm stand eine Gemeinde von trauernden Riesen: die schwarzgrünen Kiefern. Vor ihm lag der See in seiner unermesslichen Gleichgültigkeit.

Die Stille war ein Lied, das lange schon verklungen war.

War gestern der Tag gewesen, an dem der Kahn hätte kommen sollen? War er erst morgen? Es überstieg die Kraft des Vaters, den Fehler zu finden, den vielleicht er begangen hatte, ein anderer Narr oder niemand. Er hatte sie beinah aufgebraucht für den großen Entschluss, hinaus auf die Insel zu ziehen. Sie reichte jetzt gerade noch, um einen Stein aufzuheben und ihn aufs Wasser zu werfen, in Richtung der Insel, die doch da draußen sein musste, verdammt, versteckt und verwunschen.

Was, wenn es sie gar nicht gab? Wenn sie gleich hinter dem Dunst lag, viel zu nah für ein Exil? Und wo um alles in der Welt blieb der Kahn?

Dem Jungen war kalt, aber er fror nicht. Er war genügsam wie ein Maultier, hielt alles aus und nahm es hin:

das schlechte wie das gute Wetter. Den Mangel, die Bedrängnis der Eltern, ihr bedrückendes Schweigen. Dass auch er leise sein musste, wenn sie es so wollten, stillhalten, warten, nicht stören, nichts fragen. Pssst, Junge, pssst. Mach ja keinen Mucks. Er hielt die schäbige Kleidung aus, die zu kleinen Stiefel, die schmerzenden, allmählich verwachsenden Zehen. Dass sein Vater einmal gesagt hatte, selbst zum Milchholen sei der Bengel zu dumm: Er falle doch wieder nur hin und verbiege die Münze. Dass er die Eltern mehr liebte als sie ihn. Die Windpocken, den Mumps, den Scharlach. Die bedrohliche Schwermut von allem, was ihn umgab: Sie würde auf ihn übergehen, als schwarzer Fleck auf seinem Herzen. Aber das ahnte er noch nicht.

Er war ein Junge von erst zehn Jahren, der jetzt sah, wie der Stein die Hand seines Vaters verließ, und der die Sekunden zählte, bis er dort draußen unsichtbar ins Wasser fiel. Vater kann gut werfen, dachte er, hoch und weit. Wir werden um die Wette werfen, wenn wir erst mal auf der Insel sind. Eines Tages werfe ich auch so hoch und so weit wie er. Dann sind wir glücklich, dann sind wir frei.

Der Stein fiel ins Wasser, als der Junge bei der Fünf angelangt war. Aus dem Dunst erschienen konzentrische

Kreise, dehnten sich aus und brachen lautlos am Ufer. Er fand sie sehr schön.

Guck mal, rief er, die Kreise, wie schön. Er sprang auf und nieder.

Ja, sagte der Vater, ist gut.

Aber er beachtete ihn gar nicht und auch nicht die konzentrischen Kreise. Er stand schon mit dem Rücken zum See. Der Junge hob selbst einen Stein auf und übte. Zehntausend Jahre hatten die Wellen gebraucht, um ihn an Land zu spülen. Er warf ihn zurück in der Zeit und war der letzte Mensch, der ihn sah.

Eine säumige Krähe flog über das Wasser den Kiefern entgegen, wo ihr Schwarm schon in den Ästen rastete, suchte einen Platz, fand keinen und machte wieder kehrt. Gefrorener Sand knirschte unter den Schuhen des Vaters. Eisschollen trieben auf dem See, weiß und sauber und blau.

Was jetzt, sagte die Mutter.

Ich weiß es doch auch nicht, sagte der Vater.

Blass quollen die Worte aus ihren Mündern hervor und lösten sich auf, als hätten sie gar nicht gesprochen. Der Himmel wurde stahlgrau, dann schiefern, wurde größer und größer und stürzte fast ein, die falsch berechnete Kuppel eines überheblichen Doms.

Nur einmal hatte der Junge so viel Himmel gesehen: als er einem Bläuling gefolgt war ans Ende der Stadt, im Frühjahr zuvor, und plötzlich alle Häuser hinter ihm gelegen hatten. Er hatte sie überwunden. Bei seiner Rückkehr am Abend hatte die Mutter geschimpft: Wie kann denn das angehen, hast du schon wieder die Zeit vergessen? Doch es war umgekehrt gewesen: Die Zeit hatte den Jungen vergessen. Das unterlief ihr fast täglich.

Der Vater ging jetzt in den Wald, sammelte im Unterholz Zweige und entfachte ein Feuer, um sie zu wärmen und damit der Kahn sie noch finden würde im schwindenden Licht. Sie holten die Stühle und setzten sich im Kreis um die Flammen. Kälte ist angenehm, dachte der Junge, wenn man ein Feuer macht. Die Hoffnung des Vaters, dass es gut enden würde, war jetzt nur noch so groß wie der Abstand zwischen Krähe und Wind. Er blickte nicht mehr auf die Uhr. Die Mutter zählte ihre Füße.

Es gibt ein Geräusch, das den anderen vorausgeht: das empörte Raunen der Stille, wenn sie vertrieben wird. Der Junge nahm es wahr, noch bevor ein leises Brummen aus dem Dunst vom See her drang. Er sprang vom Stuhl auf und streckte seine Arme wie Antennen zum Himmel. Vater, Mutter, rief er. Der Kahn kommt. Ich kann ihn schon hören.

Der Kahn hat im Eis festgesessen, sagte der Schiffer, ich hab ihn um ein Haar nicht mehr rausgekriegt.

Er sagte es, weil es nun mal so gewesen war, weil er es nicht hatte ändern können und auch niemand sonst. Es sei sinnlos, fand der Schiffer, darüber zu klagen.

Verfluchter Kahn, sagte er trotzdem, weil er glaubte, überhaupt etwas sagen zu müssen gegen das Schweigen der drei Gestalten, die jetzt vor ihm standen wie erfrorene Geister. Verfluchtes Eis, sagte er, nicht wütend, nur matt. Verfluchte Kälte.

Dann sagte er nichts weiter, vertäute nur den Kahn am Steg und spuckte in die Hände, die rot leuchteten in der silbrigen Luft. Er trug einen verschossenen Drillich, der über seiner Plauze spannte. Die Kappe lag klein auf seinem bulligen Schädel. Punkt, Punkt, Komma, Strich: Sein Gesicht war wie von einem Kind gemalt. Unter der Nase hing ein Zapfen aus Rotz. Der Mann sieht lustig aus, dachte der Junge, aber das ist er wohl nicht. Lustig sind die, die traurig aussehen, und selbst die sind es nur manchmal.

Der Schiffer und der Vater verluden die Kisten, die Säcke, die Möbel, die Truhe. Was leichter war, trugen die Mutter und der Junge an Bord. Auch das Schaukelpferd ließ sich tragen und schaute pikiert. Dann stieß der Kahn langsam zurück auf den See, hinein in den Dunst. Das Ufer entglitt, und die Stunden, die sie an der Reede gewartet hatten, erübrigten sich wie eine Handvoll Sand im Wasser.

Zwischen zwei Atemzügen sah der Junge noch einmal all jene, die ihm je übelgewollt hatten, aus dem toten Gehölz hervorpreschen, die Fäuste geballt, ins Leere schlagend, lächerlich, harmlos. Springteufel waren sie jetzt aus einem unruhigen Traum. Damit hatten sie nicht gerechnet: Bald, sehr bald würde er ein Inselkönig sein, gekrönt durch sich selbst.

Hans, der Erste.

Hans, der Große.

Hans, Herrscher von Amerika.

Für mich wär das ja nichts, sagte der Schiffer, da draußen allein. Er schien eine Erklärung haben zu wollen: Wie kam der Vater darauf, auf die Insel zu ziehen, so weit draußen im See? Doch der gab sie ihm nicht. Er blickte nur über den Bug in den Dunst, wo die Insel liegen musste. Gut, sagte der Schiffer, du wirst schon wissen, warum. Er drehte das Ruder um wenige Grad und hielt jetzt auf einen Teil des Dunkelgraus zu, als sähe er dort einen Weg. Der Kahn schwenkte ein, hinter ihm brodelte der eisige See. Die Luft roch nach Diesel, Winter und Teer.

Die Mutter stand hinterm Steuerhaus am Schornstein, wo es ein bisschen wärmer war oder immerhin weniger kalt. Doch der Frost wich nicht aus ihren Knochen und würde es nie mehr ganz tun. Sie holte mit zitternder Hand einen Brotlaib aus einem Beutel und schnitt drei

Scheiben ab: eine dicke für den Vater, je eine dünne für sich und für Hans.

Hier, sagte sie und hielt sie ihm hin.

Danke schön, sagte Hans.

Er aß eine Hälfte, sie taute im Mund. Die andere steckte er sich in die Jacke für später. Er sah das Schaukelpferd, zweifelnd, und darunter die Planken des Decks, abgewetzt von all den Ladungen zuvor. Die Taue an den Klampen, die Trosse des Ankers, die Leinen: ein Dutzend schlafender Schlangen. Auf Backbord kam ein Kranich vom Abend her und schiss in den See. Unter dem Rumpf des Kahns wellte sich das Wasser, zäh und dunkel wie Öl.

Wann sind wir da, fragte der Vater. Ich muss zu den Schafen.

Es ist nicht mehr weit in dein Paradies, sagte der Schiffer. Er schenkte Tee ein, kippte Rum aus einem Flachmann hinzu und reichte dem Vater den dampfenden Becher. Der nahm einen Schluck.

Noch können wir beidrehen, sagte der Schiffer.

Nein, sagte der Vater. Fahr weiter.

Dir ist klar, was euch da draußen erwartet.

Was auch immer.

Was auch immer, wer auch immer, warum auch immer: Das sagte der Vater, wenn er nicht wusste, was stattdessen zu sagen gewesen wäre, und auch dann, wenn er es wusste. Er sagte es oft: Es war der Refrain seines Schweigens.

Jemand konnte sagen: Es regnet.
Der Vater sagte: Warum auch immer.
Jemand konnte sagen: So Gott will.
Und er sagte: Wer auch immer.

Hans stand vorne am Bug, formte seine Hände zum Fernglas und spähte hinaus in das endliche Nichts. Er wollte gleich morgen die Insel nach dem Schönsten absuchen, das sich auf ihr finden ließe, und es seinen Eltern zu Weihnachten schenken. Er glaubte, sie würden sich freuen.

Wie eine schwimmende Festung schob sich die Insel dem Kahn aus dem Dunkel entgegen: Eine knotige Wand, gewachsen aus Weiden und ihren Wurzeln, schirmte sie ab gegen die äußere Welt. Nirgends ein Einblick, nirgends ein Zuweg, nirgends ein Tor.

Sie mussten die Insel zur Hälfte umrunden, dann erst sahen sie einen brüchigen Steg. Zerrissene Netze hingen über den Pfosten. Im flachen, eisigen Wasser lag ein halb gekentertes Boot. Der Schiffer drosselte den Motor, dann legte er an, das Brummen erstarb. Wellen schwappten ans Ufer und spülten einen Saum schwarzen Laichkrauts auf den aschfahlen Strand.

Sie luden die Möbel ab, die Kisten, die Koffer, die Truhe, die Säcke, das Schaukelpferd, das jetzt ein

Gesicht zog wie eine gequälte Prinzessin, und trugen alles die dunkle Böschung hinauf. Schwach glomm der sandige Pfad. Am Ende, hinter schütteren Birken und Tannen, lagen ein Stall, ein Schuppen, ein Haus. Kein Licht drang aus den Fenstern.

He, rief der Vater. Ist jemand da? Er rief noch einmal, es rührte sich nichts. Eine Lampe bräuchten wir jetzt, dachte Hans, damit wir Amerika sehen.

Die Nacht nahte so heimlich und doch plump, wie es ihre Art ist. Im Stall blökten die Schafe vor Hunger und Enttäuschung.

Wo ist der Schäfer, fragte der Vater.

Ach, sagte der Schiffer, der liegt bestimmt besoffen im Bett.

Sie liefen zum Steg, um die letzten Kisten zu holen. Der Vater gab dem Schiffer den Lohn, fünf oder sechs dünne, rissige Scheine, und reichte ihm die Hand, der nahm sie zum Schwur.

Bist du dir sicher, sagte der Schiffer. Denk an den Jungen. Er ist noch klein.

Ich muss in den Stall, sagte der Vater. Du hörst doch die Schafe.

Wie du meinst. Wir sehen uns im Frühjahr.

Wann auch immer.

Der Schiffer ging wieder an Bord und löste die Taue, der Motor sprang an wie ein Ochse, der unwillig erwacht, weil er friert, und sich dann kurz und wild schüttelt.

Hans saß auf den Wurzeln der Weiden und sah den Lichtern nach, bis sie im Dunkel verschwanden. Noch eine Weile hörte er das Brummen des Kahns auf dem See, immer leiser, dann nicht mehr. Der Mond schien woanders. Es schneite.

Dies Haus ist mein und doch nicht mein, war in schartigen Lettern über den Eingang geschnitzt, im Himmel, da wird meine Wohnung sein.

Das Haus stand schon viel länger hier, als ihm lieb war. Mit den Jahren hatte der Wind sein Gebälk wie einen alten Wacholder gekrümmt. Mal stemmte es sich ihm noch tapfer entgegen, mal sank es wie jetzt matt in den Schnee. Ein Hufeisen hing lose am Pfosten, die Enden zeigten nach unten. Wenn es das Glück überhaupt gab, von dem der Fuhrmann gesprochen hatte, fiel es gleich wieder heraus und wurde verweht.

Der Vater klopfte hart an. Erneut kam keine Antwort. Als er mit der Schulter die verzogene Tür aufdrückte, huschten die Dinge eilig zurück, wohin sie gehörten. Sie standen schon wieder an ihren Plätzen, bevor er ein Streichholz anriss und endlich den Docht einer Lampe entzündete. Ein schmutziger Schein kroch ins Haus und mied dabei die entlegenen Winkel, in der sich alles Dunkle verbarg.

In der Ecke der Stube sahen sie einen Ofen und ein Stapel von Brennholz, auf dem Tisch eine Flasche, daneben ein Glas, beide leer. Auf dem Teller die Reste einer vergangenen Mahlzeit, ein Schirm aus Schimmel darüber. Es roch nach Asche, faulen Kartoffeln und Schnaps, der in den Ritzen der Dielen versickert war, nach betrunkenem Holz. Die Wände glitzerten vom Frost.

In der Kammer dahinter eine Liege, der Abdruck eines Kopfes noch im Kissen, die Wolldecken zerwühlt, das weiche Grab erfrorener Flöhe. Eine Kommode, die Schubladen offen, die Hemden und Hosen hingen heraus, ein Nachtschrank, darauf ein Kerzenstumpf und ein Wecker, stehen geblieben um Viertel vor sechs an einem vergangenen Tag. Gefrorenes Wasser in einer Schüssel, Rasierzeug daneben. Auf dem Boden lag, von der Wand gefallen, ein Kruzifix.

Der Schäfer ist weg, sagte der Vater.

Die Mutter entgegnete nichts.

Er ist weg, sagte der Vater noch einmal. Er hat sich verpisst.

Mir ist kalt, sagte die Mutter. Mach bitte Feuer.

Ja, ja. Ich mach schon.

Er nahm Zunder aus einer Büchse, steckte ihn an, blies hinein und warf ihn in den Bauch des Ofens. Er legte Zweige darauf, wartete und schob dann ein Scheit nach. Die Flamme schrumpfte und wuchs wieder an. Die Luft erwärmte sich, die Balken begannen zu knacken. Das Haus erwachte wie ein Kranker.

Hans sah sich um: ein Schlapphut am Haken, eine Brille aus Draht im Regal, ein zerfleddertes Heft mit Reihen von Zahlen darin, mal kleiner, mal größer. Dreiundzwanzig stand da, dann fünfundzwanzig, zwanzig und neunzehn. Drei Bücher, zwei Pfeifen. An der Wand hing eine kindliche Zeichnung, darauf ein Mann und sein Hund. Unsterblich sahen sie aus auf dem Bild. Doch es war nur ein Gruß aus einer abgelaufenen Zeit.

Wohin ist der Schäfer gegangen, fragte Hans.

Der Vater kniete vorm Ofen, als täte er Buße.

Wohin auch immer.

Kommt er denn wieder?

Sieht nicht so aus.

Aber die Schafe.

Die haben jetzt uns.

Der Vater schloss die Klappe des Ofens und erhob sich mit einem Stöhnen. Dann ging er hinaus. Die Mutter und Hans nahmen die zehn Bretter, den Rost und bauten das Bett wieder zusammen. In der Schüssel taute allmählich das Eis. Das Schaukelpferd schaute zufrieden.

Hans folgte dem Vater nach draußen und stand jetzt im Dunkel vorm Haus. Er öffnete die Augen, so weit er nur konnte, um Licht einzulassen. Doch da war keinerlei Licht: Schwarz war der Himmel, schwarz waren die schütteren Birken und Tannen ringsum, schwarz war der Schnee. Bei Tag ist Schnee weiß, bei Nacht ist er schwarz. Seltsam ist das, dachte Hans: Ist Schnee eigentlich weiß oder schwarz? Das Scheppern eines Eimers drang an seine Ohren. Der Vater fütterte die Schafe im Stall. Der Chor der Tiere schwoll an, dann verstummte er, die Mäuler voll Heu. Er hörte den Vater schimpfen und fluchen. Himmel, Arsch und Zwirn. Bah.

Hans setzte sich auf die Stufe der Haustür, raffte die Jacke zusammen, schlang die Arme um sich, sank nach vorn, erschöpft, wie er war, und schlief schließlich ein. Schnee legte sich auf ihn, weiß, aber schwarz.

Durch die Nacht streifte beinah lautlos ein Hund. Es war der von der Zeichnung im Haus: ein Schatten, der sich selber warf. Auch er hoffte seit Tagen auf eine fütternde Hand. Die Ankunft der Fremden erfüllte ihn mit Neugier, Hoffnung und Furcht. Er schlich um das Haus, um den Stall, um den Schuppen und Hans. Er näherte sich ihm, schnupperte, schaute. Hans regte sich nicht. Flocken landeten in seinen Wimpern, ruhten sich aus und vergingen.

An jenem Dezembertag also, da Hans einen Stein vom Ufer in den See warf, so weit er nur konnte, im Winter schlechthin, kälter als die meisten zuvor und alle danach, beginnt diese Geschichte. Lang ist es her, wenn man die Zeit in Jahren misst. Und doch ist es eben gewesen, vielleicht geschieht es heute, jetzt gerade. Vielleicht ist es niemals geschehen oder wird noch geschehen. Wir sehen die konzentrischen Kreise, aber nicht mehr den Stein, der sie verursacht hat. Er ist sogleich in die Tiefe gesunken. Die Kreise dehnen sich aus, Träger simpler Signale, lesbar für ein paar Augenblicke. Sie brechen lautlos am Ufer, dann verschwinden auch sie. Schade um sie, aber wer trauert um Wellen? Der See tut es nicht. Er beruhigt sich bald wieder, glatt liegt er da und scheint derselbe zu sein wie zuvor. Und doch ist er ein anderer: Ein Stein mehr liegt auf seinem Grund.

Auch diese Geschichte breitet sich aus in konzentrischen Kreisen, im Verschwinden begriffen, in ihrer Mitte ein versunkener Stein. Ist sie traurig? Ist sie schön? Ist sie beides?

An einem Abend im Monat zuvor, Mitte, Ende November, hörte Hans seine Eltern einmal flüstern. Sie dachten wohl, er schlafe. Doch er war aufgewacht vom Knarren der Dielen, vom Rauch, dem Schweiß und der Kälte, die der Vater in seinem Mantel hereingetragen hatte von irgendwoher. Er ging oft abends fort, und Hans fühlte sich dann weniger klein, als er war. Er konnte sich kaum je entscheiden, ob er sich wünschte, dass der Vater zurückkam oder abwesend blieb. Er liebte ihn, das schon, wie auch die Mutter. Ihr Sohn zu sein aber, das liebte er nicht. Jetzt lag er in seiner Mulde und lauschte.

Ich kann nicht mehr, sagte der Vater.

Wem sagst du das, sagte die Mutter.

Wir müssen hier weg.

Wohin sollen wir denn gehen?

Auf die Insel.

Bist du verrückt?

Der Vater holte tief Luft für die Antwort und blieb sie doch schuldig. Beide verstummten, als wäre alles gesagt. Sie waren erschöpft, und erschöpft war jedes Wort, das sie noch kannten. Sie dachten nach, jeder für sich, allein in einem Nebel, der undurchdringlich in ihren Köpfen stand, kamen vom Weg ab und waren verloren.

Der Vater hatte nie gelernt, sich mitzuteilen: Er war ein sprachloses Kind gewesen, jetzt war er ein sprachloser Mann. Ein trauriges Kind, ein trauriger Mann: Er wollte nicht hier sein, auch nicht irgendwo sonst. Wenn er doch etwas sagte, dann wie in einem Anfall, als müsste er niesen oder sich übergeben. Es kam plötzlich und war ebenso plötzlich wieder vorbei.

Mitunter wurde er laut, dann schrie er herum, aber wohl nur, weil er nicht wusste, wie man weint.

Die Mutter hatte die Bedeutung der Wörter allmählich vergessen, wie jemand, der schon viele Jahre in einem fremden Land verbracht hat, nur dass dort, wo sie sich befand, keine andere Sprache gesprochen wurde, sondern gar keine. Wenn sie etwas sagen wollte, dann musste sie suchen, nach Wörtern, nach dem richtigen Ton, nach ihrer Stimme sogar.

Jetzt hingen die Eltern in ihren Stühlen, das wusste Hans, ohne hinsehen zu müssen, zwei Marionetten hinter dem Vorhang nach einer misslungenen Vorstellung, wie so viele Male zuvor. Dumpf tönte das geheime Wissen der Wände, die immerzu raunten: Es ist etwas geschehen, von dem du nicht wissen darfst, du bist noch viel zu klein. Es ist zu schwer für dich, Hans. Und nun sei auch du still. Stell bloß keine Fragen. Pssst, Junge, pssst. Mach ja keinen Mucks.

Wann, sagte schließlich die Mutter.

Bald, sagte der Vater. In ein paar Wochen.

Hans stellte sich schlafend, bis er selbst daran glaubte. Bilder von einer Insel zogen an ihm vorüber: glitzerndes Wasser, Strände, Palmen, springende Fische, halb Traum, halb wache Idee, ein blaugrün schimmernder Foliant, der mit einem Mal lebendig war. Die Blumen auf der Tapete, welk geworden über die Jahre, erblühten jetzt wieder.

Er wusste nicht viel über Inseln, er wusste ohnehin nicht viel über die Welt. Er war zehn Jahre alt, Sohn schweigsamer Eltern. Er wusste, dass Brot den Hunger vernichtet, Wasser den Durst und Schlaf die Müdigkeit. Dass ihm schwindelig wurde, wenn er sich sehr lang im Kreis drehte, und trotzdem tat er es manchmal, um sich für eine Weile nur anders zu fühlen als sonst. Er wusste, dass er nicht am Schorf der Wunden pulen sollte, und tat auch das trotzdem: Er mochte den juckenden Schmerz. Er wusste, dass am Sonnabend Badetag war, der Vater zuerst in den Zuber stieg, dann die Mutter, zuletzt er selbst und dass das Wasser dann schon lau war und trübe vom Schmutz auf den Häuten.

Er wusste, dass die Zeiger der Uhr sich nur dann bewegten, wenn er nicht hinsah, und dass mitunter zwei Stunden in einer vergingen oder keine in einer. Dass die Graugänse im Herbst in den Süden zogen und im Frühjahr zurück, als hingen sie an einem kolossalen Pendel. Er wusste, was ihre Rufe bedeuteten: Hans, lern endlich fliegen und schließ dich uns an.

Er wusste, dass die eine Zeit noch vor ihm und die andere schon hinter ihm lag. Dass es die Lebenden gab und die Toten. Dass sich unter den Lebenden gute Menschen befanden, aber auch böse, und dass, ganz gleich, wie gut oder böse sie waren, in ihren Kellern die Ratten doch immer die gleichen waren.

Er wusste, über welche Zäune des Viertels er springen konnte und welche zu hoch für ihn waren.

Dass es wichtig war, schnell rennen zu können, erst recht für einen wie ihn, der doch in jeder Prügelei unterlag. Und dass es besser war, vor seinen Feinden zu türmen, als sich niedermachen zu lassen.

Er wusste, dass Tausende Leute das Land verließen: Sie sprangen wie er über Zäune, sogar über Mauern, schwammen durch Flüsse, manche durchs Meer. Die Hoffnung war aus dem Land gewichen. Nur Geduld war noch übrig, und davon nicht viel. Und jetzt würden auch sie es verlassen, die Eltern und er. Doch nicht nach außen: nach innen, in seine innere Leere hinein. Auf die Insel würden sie ziehen, weit draußen im See. War es ihr Wille? Die Gunst der Stunde? Der einzige Ausweg? Oder nur ein Los, das ihnen zugefallen war aus der sich ständig drehenden Trommel? All das wusste Hans nicht. Er wusste nicht einmal, wie spät es jetzt war.

So lag er da und wusste nicht viel. Das kurze Rauschen der Pfützen, wenn ein Auto die Gasse entlangfuhr, war das einzige Zeichen, dass die Zeit nicht stillstand. Der Regen wisperte in den mürben Blättern der Linde vorm Fenster, und die ganze Stadt war mit einem Mal nur noch etwas versuchsweise Hingestelltes, ein Provisorium, dessen Sinnlosigkeit nun endlich erkannt werden konnte. Am Morgen würden vielleicht Arbeiter kommen, alles abbauen, in einem großen Kasten verstauen und fortschaffen, Haus für Haus, in ihre Teile zerlegt, die Steine, die Schindeln, die Balken, die Latten, die Winkel, die Türen, die Fenster, die Tische, die Stühle, die Menschen. Sie würden es anderswo wieder aufbauen oder auch nicht. Darüber musste erst noch befunden werden, von den Oberen, wie der Vater sie nannte. Hans hielt sie für mächtige Leute in einem Turm.

Im ersten Dämmern stand er auf und legte seinen schmalen Besitz auf einem Stapel zurecht: ein Kästchen mit Murmeln und Kleingeld darin, drei bunte Hefte, in denen die Komantschen wohnten und, wenn er nicht hinsah, heimlich ihr Leben weiterlebten. Tänze vollführten sie, um es endlich regnen zu lassen auf die staubtrockenen Seiten, und schlugen Schlachten, von denen am nächsten Tag nur noch eine unachtsam gerichtete Feder im Kopfschmuck des Häuptlings kündete, eine Narbe, ein Riss im Lederschurz: Hans sah all das, aber er wusste von nichts. Er legte noch das Porträt eines berühmten Athleten mit dem im Augenblick des Triumphs eingefrorenen Lachen dazu, ein Flugzeug aus Weißblech, ein Kuscheltier, das er nicht mochte, aber auch nicht zurücklassen wollte in diesem Verlies. Dann begann er zu warten. Die Insel wartete ohnehin.

Ein paar Tage darauf sagten die Eltern ihm, was er ohnehin wusste: Wir gehen fort von hier, Junge, auf eine Insel im See. In drei Wochen, sagten sie, ist es so weit. Er tat so überrascht, wie er konnte. Endlich fort, dachte er, aus der Stadt, dem Viertel, der Gasse, dem Haus, dem engen Zimmer am Ende des Flurs. Fort von der Witwe, von der sie das Zimmer gemietet hatten. Hans sah sie oft durch den Türspalt in ihrer Küche sitzen: in eine schwarze Schürze gewickelt, reglos auf einem Hocker. Nur ihre Daumen drehten sich in den hohlen Händen im Schoß: eine winzige Mühle, die immerzu mahlte und mahlte.

Was mahlt sie da die ganze Zeit, dachte Hans. Vielleicht ja den Staub, der überall schwebt.

Aus der Küche roch es nach Hefe, Essig und Scheuermilch. Die Wände waren mit Trauer gefliest. Es hieß, seit dem Krieg habe die Witwe niemanden mehr. Alle seien im Osten geblieben: ihr Mann, zwei Söhne, der Bruder. Was ist der Krieg, fragte sich Hans. Und was ist der Osten?

Nebenan die Eheleute, deren Streit er auswendig kannte: Er drang durch die Wand bei Tag und bei Nacht. Die Schuld an ihrem Elend gaben sie einander, nur dafür brauchte sie ihn, und er brauchte sie. Halt den Mund, brüllte er manchmal, in eine Stille hinein, die klang, als wäre die Frau längst fort und als hätte der Mann es nur nicht gemerkt. Aber dann hörte Hans sie wieder zetern und heulen, zählte die Blumen auf der Tapete und wünschte sich Frieden: für die Nachbarn, seine Eltern und sich. Auch etwas Glück wünschte er sich, was immer das war. Im Übrigen waren es genau zweihundertsechzig und eine Blume auf der Tapete.

Ein Stockwerk darunter der Hauswart und seine boshafte Frau, die fortwährend einen Teppich aus Gerüchten wob: Dieser sei ein Säufer, jener ein Nichtsnutz, der Dritte ein Sack, und Hans habe letzten Sommer die Äpfel vom Baum geklaut. Sie erzählte es allen: Eine Schande sei er fürs Haus, ein Dieb, ein Verbrecher schon jetzt. Eine Tracht Prügel täte ihm gut. Dann musste sie jedes Mal husten. Sie hustete im immer gleichen Rhythmus, wie eine Taube im immer gleichen Rhythmus gurrt. Und wie das tumbe Lied einer Taube brach auch ihres ganz plötzlich ab. Hans stellte sich vor, sie wäre erstickt. Aber dann spuckte sie nur wieder den Auswurf in ihr Taschentuch, und Hans war enttäuscht. Dafür schämte er sich für eine Minute oder eine halbe.

Der Junggeselle aus dem Dachgeschoss, der sich an die Wand drückte, wenn er ihn im Treppenhaus traf. Der fürchtet sich vor den Menschen, hatte der Vater einmal gesagt und dabei sanft wie selten geklungen, das kommt von der Haft. Hans hielt das für eine Krankheit, die die Seele befällt. Der Junggeselle tat ihm seither leid. Er sagte Guten Tag, wenn er ihm begegnete, so vorsichtig, dass es wie eine Frage klang. Guten Tag? Wenigstens vor ihm, dachte er, hätte er sich doch nicht fürchten müssen, aber der Junggeselle antwortete nie. Er war so mager, dass er sich Kiesel in die Manteltaschen steckte, um nicht vom ersten Wind davongetragen zu werden. Hans hörte sie klicken, wenn er an ihm vorbeilief, und fand das eine gute Idee, die er sich merken wollte, nur für den Fall.

Und dann noch der Manne, ein Saukerl aus dem zweiten Stock, Sohn des Schlachters, ein knappes Jahr älter und doppelt so schwer, ein Mettwurstjunge mit dummen Gedanken im Kopf. Er schlug Hans in die Fresse, wann immer er Lust dazu hatte, zuletzt vor drei Tagen. Diesmal war Hans viel zu langsam gewesen und der Zaun viel zu hoch. Das Blut war ihm aus der Nase in den Neuschnee getropft, genug, dass er damit seinen vollen Namen hätte schreiben können: Hans Roleder, wie roh ohne h und dann Leder. So ein bescheuerter Name. Warmes Blut schmeckt nach Eisen, auch das wusste er seither, kaltes nach Rost. Aber was hat ein Junge davon, wenn er so etwas weiß? Der Manne presste ihm das Kleingeld ab und nahm ihm die Murmeln weg, sein Schatz schrumpfte und schrumpfte und drohte bald ganz zu verschwinden. Auch die Äpfel hatte Manne vom Baum gestohlen und es ihm in die Schuhe geschoben. Aber nächsten Sommer, dachte Hans, fliegst du auf, du fette Sau. Dann bin ich weit weg, auf der Insel. Und dich kriegen sie dran, wenn am Baum auch nur ein einziger Apfel fehlt.

Am ersten Advent kam noch einmal Besuch in das Zimmer am Ende des Flurs. Helmut, ein Kollege des

Vaters in der Fabrik, seine Frau und ihr Sohn, ein scheuer Junge: Karl-Georg, Kalle genannt. Er war sein bester, sein einziger Freund.

Hans mochte Kalle. Er mochte auch den Händler auf dem Markt, der ab und an einen Apfel an seiner Schürze putzte und ihm schenkte, und die Stimme einer Sängerin, deren Lied er ein paarmal im Radio gehört hatte, jetzt aber schon so lange nicht mehr. Deshalb war Hans in Sorge: Ging es ihr etwa nicht gut? War sie krank? Er mochte Tiere, nicht alle, aber die meisten, Hunde vor allem. Er wünschte sich einen für sich, und als die Eltern sagten, ein Hund komme ihnen nie und nimmer ins Haus, wünschte er sich fünf, um wenigstens einen zu bekommen. Er mochte Zeichnungen von Fuchsbauten, die vielen Röhren, den Kessel, in dem die Welpen schliefen, blind, nichts ahnend, sicher. Das fand er gemütlich. Er mochte den Duft des Haarwassers, in das sein Vater den Kamm tunkte, um sich damit den Scheitel zu richten, einmal am Morgen, einmal am Abend. Er mochte es, wenn es im Hochsommer regnete, wenn Juli und August innehielten und die Bäume ihren Durst stillen ließen. Er mochte es, wenn er in eine Tasse noch zu heißer Milch blies und der Dampf seine Wangen erwärmte. Er mochte es, wenn jemand sagte: alles Gute. Er mochte es, sich zu verstecken.

Den Manne mochte er nicht. Er mochte auch die Frau des Hauswarts nicht und nicht den Sänger, der jetzt so oft erklang statt der erkrankten Sängerin. Er mochte die Zitterspinnen nicht, die über die Zimmerdecke spukten. Er mochte die Erinnerung an das Bild von dem Hund in der Zeitung nicht, den die herzlosen Forscher in eine Kapsel gesetzt und in den Orbit geschossen hatten. Der fror doch bestimmt, dachte Hans, der hatte Hunger und Heimweh. Das arme Tier tat ihm leid, er hätte es gern zu sich geholt. Er mochte den Rauch und den Schweiß nicht, den Vater in seinem Mantel abends hereintrug von irgendwoher. Er mochte es nicht, wenn jemand sagte: Das lohnt sich nicht mehr. Er mochte es nicht, gefunden zu werden.

Zu sechst saßen sie jetzt um den kleinen Tisch, Schulter an Schulter, Kalle und Hans nebeneinander wie Brüder, vor ihnen das gute Geschirr, von der Witwe geliehen. Wiedersehen macht Freude, hatte sie gesagt, und es war unklar geblieben, ob sie die Teller gemeint hatte oder einen von denen, an die sie immerzu dachte.

Er sei kein Mann großer Worte, sagte der Vater und sprach ein paar kleine: Schön, dass ihr hier seid. Jetzt haut mal ordentlich rein.

Dann brachte die Mutter die Schüsseln, darin Fleisch, Soße, Klöße, Gurkensalat.

Schmeckt es euch denn, fragte sie.

Wie Hund hinten, sagte Helmut und lachte laut

auf. Fleischfetzen flogen aus seinem Mund. Hans sah, wie sie die Tischdecke sprenkelten: winzige Augen aus Fett. Sonst lachte niemand. Das Besteck klapperte leise.

Aber Helmut, sagte die Frau, so was sagt man doch nicht.

Kleiner Spaß. Hab dich nicht so.

Warum sagt der Vater denn nichts, dachte Hans. Wann wirft er ihn raus?

Prost, sagte der Helmut.

Prost, sagte der Vater.

Die Männer tranken das Bier aus den Flaschen. Ihre Hände ragten aus den Manschetten wie Schaufeln. Die Fingernägel waren gebürstet, doch an den Rändern immer noch schwarz.

Ihr geht auf die Insel, sagte Helmut und kaute. Hab ich gehört.

Wer sagt das, sagte der Vater.

Wenn ihr schon abhaut, warum dann nicht richtig?

Helmut, sagte die Frau, jetzt ist aber gut.

Wir hauen nicht ab, sagte der Vater. Dann wüsstest du nichts.

Erzähl keinen Mist.

In das Wandbild neben dem Schrank waren zwei Fischer gestickt, die in nie endendem Ringkampf einen Wels in ihr Boot zu hieven versuchten. Hans hatte es einmal so lang betrachtet, dass es ihm vorgekommen war, als ließen sie den Fisch wieder frei, vor Erschöpfung, vielleicht auch aus Mitleid. Seither gefiel es ihm besser.

Schmeckt gut, sagte er, zur Mutter gewandt.

Es änderte nichts. Helmut stieß auf und lachte erneut, die anderen schwiegen. Unter der Lampe schwebte der Staub aus der Mühle der Witwe. Der Vater stand auf und warf eine Schippe voll Kohlen ins Feuer, nicht, weil es kalt war im Zimmer, sondern nur, um stumm in den Ofen zu schreien, ins Feuer, in dem, wie er hoffte, alles verbrennen würde, der Ekel, die Wut und die Angst.

Kalle mochte das Fleisch nicht und schob es auf seinem Teller umher. Er schnitt es kleiner und kleiner, auf dass es verschwände. Doch es blieb da. Am Ende nahm es Helmut.

Willst du so mickerig bleiben?

Kalle schüttelte zaghaft den Kopf.

So kann das aber nichts werden.

Kalle aß noch eine halbe Kartoffel und blieb trotzdem so klein, wie er war.

Nach dem Essen krochen die Jungen unter den Tisch. Sie spielten, dort sei ihre Höhle, geschützt vor den Vätern, den Müttern, dem Manne, dem Haus, der Gasse, dem Viertel, der Stadt und der Welt.

Hier findet uns keiner, sagte Kalle, nicht wahr?

Hier sind wir sicher, sagte Hans. Bestimmt.

Zwei verlorene Knöpfe, die kein Mensch vermisst: Sie hatten Kekse und Wasser für zwei Tage dabei.

Willst du noch einen, fragte Hans.

Gern, sagte Kalle.

Er aß den Keks über der Hand, damit nichts zu Boden fiel, um nichts zu verschwenden und keine Spur zu hinterlassen. Zuletzt aß er die Krümel, einen nach dem anderen, behutsam und bang. Hans schaute ihm zu. Er liebte seinen drolligen Freund. Er liebte es, dass er wie ein Eichhörnchen aß.

Du kannst dir noch einen nehmen. Es sind genug da.

Einen noch. Danke.

Kommst du mich mal auf der Insel besuchen?

Das geht leider nicht, Vater hat bestimmt was dagegen.

Der findet uns nicht. Da findet uns keiner.

Schön wäre es ja.

Also?

Vielleicht.

Aber dann rief Helmut: Wo sind denn die Kinder? Karl-Georg, hörst du? Morgen ist Montag. Wir müssen jetzt gehen.

Kalle verließ ihre Höhle ohne ein Wort. Die Fransen der Tischdecke schwangen hin und her, hin und her, immer schwächer, und kamen schließlich zur Ruhe. Hans hörte Helmut noch sagen: Grüßt euren Bengel, den haben wir jetzt nicht mehr gesehen. Und überlegt euch das mit der Insel noch mal. Das ist doch scheiße.

Helmut, sagte die Frau, lass gut sein.

Die Tür fiel ins Schloss. Hans überkam ein mächtiger Kummer: Sein Herz wurde schwer, das kleine, das er hatte, und auch schon das große, das er einmal haben würde. Er lag jetzt flach unter dem Tisch. Die Mutter trug das Geschirr in die Küche der Witwe und spülte es ab.

Geht doch, sagte die Witwe.

Der Vater schob die Stühle zurecht und löschte das Licht. In der Höhle wurde es dunkel. Kekse und Wasser reichten jetzt für vier Tage, nicht nur für zwei. Das Haus, die Gasse, das Viertel, die Stadt und die Welt erzitterten ein letztes Mal wie eine alte Maschine und gaben den Geist auf. Hans lag noch immer unter dem Tisch, flach auf dem Teppich. Keine Spur mehr von Kalle, nicht mal ein Krümel von einem Keks. Dann hob eine Hand die Tischdecke an. Schluss jetzt, Hans, sagte die Mutter, mit diesem albernen Spiel.

Es war noch dunkel, als sie die Tür des Hauses zum letzten Mal hinter sich schlossen, und alle Nachbarn schliefen: die Witwe, die Eheleute, der Junggeselle, der Hauswart und seine boshafte Frau. Auch der Manne schlief, erschöpft vom Unwesen, und seine Beine zuckten wie die eines Welpen, der vom Jagen träumt.

Das ganze vermaledeite Haus schlief, die morschen Fensterläden geschlossen, als sie es endlich verließen. Fade Rauchsäulen stiegen aus den Kaminen empor, Zeichen einer verschlüsselten Sprache, eine letzte Warnung womöglich. Sie machten sich davon, hörbar geräuschlos, wie nur Wache es tun aus einem schlafenden Haus.

Der Vater saß vorn beim Fuhrmann im Laster, um ihm den Weg zur Reede zu weisen, die Mutter hinten auf der Pritsche zwischen den Kisten, den Rücken an die Matratze gelehnt, Hans auf dem Schoß. Sie bahnten sich den Weg durchs dichte Gestöber, den Ausläufer eines kollabierenden Polarstroms. Ein Arbeiter stapfte die Straße entlang zur Schicht durch den Schnee, trug den Henkelmann wie ein Senkblei und nahm keine Notiz. Sie kamen an der verfluchten Schule vorbei, auf die Hans hatte gehen müssen. Das alte Kaufhaus am Markplatz, den sie passierten, hatte sich neulich, nach Jahren der Schließung, selbst abgerissen. Letzte Mechanismen liefen stumpfsinnig ab: ein Güterzug rumpelte hinaus aus der Stadt, ein anderer hinein, wohl um Ordnung vorzuspiegeln, wo keine mehr war, so wie ein Wecker einfach weitertickt am Bett eines Toten. Dann brach der Tag an, und die Laternen erloschen eine nach der anderen, als beteten sie einen

Rosenkranz, doch falsch herum. Gelbes Licht wich grauem.

Nie zuvor war Hans so wach gewesen. Diesmal, Manne, dachte er und blickte zurück in den Schnee, in den die Reifen des Lasters ein neues Kapitel schrieben, diesmal entkomme ich dir, du Saukerl, Sohn des Schlachters, blöder Mettwurstjunge, für immer entkomme ich dir. Ich verlasse die Stadt. Ich ziehe auf die Insel. Du findest mich nicht.

Er drückte die Hand seiner Mutter ganz fest.

Au, sagte sie, du tust mir ja weh.

Die Insel ist der Gipfel eines Bergs, der aus dem Wasser ragt, geformt von einem Gletscher im Winter der Welt. Sie hatte jetzt schon eine Weile allein im See gelegen, aber das war sie gewohnt: Oft war sie verwaist gewesen, dann bewohnt und wieder verwaist. Sie duldet die Menschen auf sich wie die Tiere, die Pflanzen, die Sonne, den Regen, den Sturm und den Schnee. Sie heißt nichts willkommen und nimmt keinen Abschied. Sie lässt alles geschehen. Sie ist nur eine Masse aus Mergel, Ton und Granit. Die große Allwissende, die sich an nichts mehr erinnert. Sie kennt jede Geschichte und kennt sie doch nicht: die des Findlings am Ufer, des Treibguts am Strand, der gefallenen Eiche, die langsam verrottet, die des Käfers im morschen

Holz, die des Kleibers, der ihn erspäht, dann frisst und davonfliegt.

Sie kennt das Schicksal des Mönchs, der auf ihr allein mit Gott sein wollte und es dann ohne ihn war. Das der Komtesse, die ihr Vater hierher verbannte in seinem Zorn über ihre unschickliche Liebe zu einem einfachen Mann. Das des jungen Rekruten, der sich der großen Schlacht um die Stadt entzog, in der er glaubte, sterben zu müssen. Er starb auf ihr, auf der Insel. Sie weiß, wohin und warum der alte Schäfer verschwand, und sie weiß es doch nicht.

Sie spürte auch Hans in jener ersten Nacht auf ihrem kalten Rücken sitzen, schlafen und atmen, und spürte ihn nicht.

Am Morgen erwachte er, wie der Vater ihn vor dem Haus gefunden und hineingetragen hatte, noch in Jacke und Hose, den Schal um den Hals, aus einer Lawine von Schlaf. Er lag auf der Pritsche, eins mit ihr vor lauter Schwere, kam zu sich und horchte. Er horchte nach dem Heulen und Zetern der Eheleute hinter der Wand, nach dem Hämmern des Balls, den in seiner elenden Blödheit der Manne doch gegen die Hofmauer dreschen musste, wieder und wieder, nach den fliehenden Schritten des Junggesellen die Treppe hinab, nach dem Gerede des Hauswarts und seiner boshaften Frau: Der Nichtsnutz pennt noch, aus dem kann ja nichts werden. Nach ihrem Taubenhusten horchte er auch.

Doch es war still um ihn her, so still, dass er dachte, er träume es nur.

So lag er da, für eine Minute oder Stunde, die Stille erforschend wie einen fremden Kontinent. Sie würde nur vollkommen bleiben, das wusste er, wenn er nicht mal die Lider bewegte.

Hans, der Lautlose.

Hans, der keinen Mucks macht.

Hans, Gebieter der Stille.

Reglos verharren, das konnte er gut, so gut wie sonst niemand, er war Weltmeister darin. Reglos hatte er ausgeharrt, wann immer die Mutter ihn gekämmt, ihm das schmutzige Gesicht mit einem Lappen gewaschen, die Hosen zum Kürzen umgesteckt oder ihn sonst wie nach ihren Vorstellungen hergerichtet hatte, denen er doch nie ganz entsprach. Das wusste sie, das wusste auch er. Reglos wie jetzt war er also gewesen, den Blick in eine sagenhafte Ferne gerichtet, die vielleicht die Zukunft war oder jedenfalls das, was er dafür hielt: alles, was weiter entfernt lag als morgen. Und wenn sie ihn gefragt hatte, was denn jetzt schon wieder mit ihm los sei, er gucke so traurig aus der Wäsche, hatte er geantwortet, dass nichts sei, gar nichts, was soll schon sein, Mutter, es ist alles in Ordnung. Manchmal hatte er auch gar nicht geantwortet. Was war denn mit ihm los gewesen? Was hatte er, reglos verharrend, gesehen? Er hatte es ihr nicht sagen können. Schleier vor Schleiern vor Schleiern, aus denen der hervortreten würde, der er einmal zu sein hoffte.

Wer war er jetzt, auf dieser Pritsche liegend? Wo auf den weißen Flecken der Karte befand er sich bloß? In der Tundra, der Taiga, im ewigen Eis? Wo war die Mutter, wo war der Vater? Wo waren die Nachbarn? Dann fiel ihm der Kahn wieder ein, der Schiffer, die schwindenden Lichter im Dunkel, der See und die Insel. Sein neues Amerika. Noch einen Moment blieb er so liegen und befühlte den kostbaren Zustand. Er war jetzt da, wohin er gehörte: am anderen, richtigen Ende der Welt.

Steh auf, rief plötzlich die Mutter. Vater braucht uns bei den Schafen. Hans stieg in die Stiefel und lief zum Stall hinaus. So jung waren seine Glieder: Sie vergaßen gleich den Schlaf, der eben noch in ihnen gesteckt hatte. Die Sonne schien fahl. Aus dem Stall stieg dampfend die Wärme der Schafe und ein süßer, fauler Gestank.

Himmel, sagte die Mutter. Sie war bleich wie vergossene Milch.

Du sagst es, sagte der Vater.

Hans drückte sich hastig den Schal ins Gesicht, doch der Gestank war ihm schon in die Nase gedrungen, dann in die Lunge und schließlich ins Blut. Sein Magen krampfte und zwang die Galle nach oben: hellgrüne Kotze im Schnee bei der schütteren Tanne.

Sechs, sagte der Vater. Er schwitzte. Vielleicht hatte er Fieber.

Sechs was, fragte die Mutter. Sie japste, als wollte sie den letzten Rest sauberer Luft unbedingt bei sich behalten.

Sechs Schafe. Verreckt.

Warum sind sie tot, fragte Hans.

Nichts mehr zu beißen. Verhungert.

Und jetzt?

Wir holen sie raus. Nimm die hier, na los.

Hans zog die Handschuhe an, die der Vater ihm hinhielt. Seine Arme steckten bis zur Beuge darin. Er sah nicht hin, als er mit den Eltern die sechs Kadaver aus dem Stall hinauszerrte. Die Herde klagte sie bitterlich an. Er sah nicht die Fäulnis des Fleisches, die irre lachenden Mäuler, die flüssigen Augen. Beweinten diese Schafe ihren eigenen Tod? Er sah nicht ihr räudiges Fell und die Rippen, die sich durch die Haut bohren wollten, nicht die Bisse der anderen Schafe, Spuren von verzweifeltem Hunger, und wollte nichts sehen. Er zerrte nur die sechs toten Schafe heraus, stolpernd, fallend und blind. Die Mutter jammerte vor Abscheu.

Steh auf, rief der Vater, mach weiter, steh auf.

Hatte Hans je etwas so großes Totes wie diese Schafe gesehen? Er dachte an den Hasen, der zum Ausbluten kopfüber an der Wäscheleine im Hof gehangen hatte, geschlachtet vom Hauswart, nackt, glänzend und seltsam muskulös. Mensch, der Hase war stark, hatte Hans gedacht, aber jetzt ist er tot und hat nichts mehr davon. Er dachte daran, wie er mit dem schmächtigen Matthias, dem Sohn des Küsters, die fette Katze geneckt hatte, im Garten vor dem Pfarrhaus, an einem Sonntag. Es war Ende Mai, Anfang Juni gewesen. Die alte Kastanie auf dem Kirchhof hatte hellrot geblüht. Hans hatte der Katze den Kopf gestreichelt, Matthias sie am Schwanz gezogen. Kalle war auch da gewesen, aber er hatte dem lustigen Spiel nur zugesehen, gebannt und verlegen an den Knöpfen seiner Latzhose gezwirbelt und mitunter leise gegluckst.

Die Katze hatte sich immerzu im Kreis gedreht, geschnurrt und gefaucht und geschnurrt und gefaucht. Dann hatte sie die Lust verloren, war davongelaufen und hatte versucht, durch das geöffnete Fenster in die Küche zu entkommen. Aber im Sprung war sie am Rahmen hängen geblieben, hatte sich das Rückgrat gebrochen und geschrien wie am Spieß. Die Jungen waren hinüber zur Kirche gerannt, von hinten durch die Sakristei zum Altar. Der schmächtige Matthias hatte den Weg gekannt. Die Katze kratzt ab, hatte er in die Predigt des Pastors gerufen. Vorne lebt sie noch, aber hinten ist sie schon tot.

Jetzt karr den Mist weg, sagte der Vater, ich mach den Rest. Die Mutter saß zusammengesunken am Tor. Ihr Kopftuch war feucht. Hans wollte sie beide umarmen, den Vater, die Mutter, damit sie und diese Welt nicht gleich wieder zerbrächen, ganz fest umarmen, damit alles heil bliebe und eins. Doch er packte nur die Holme der Karre, die so schwer war wie er, und wuchtete sie über den Hof, durch den Schnee, der zu Matsch wurde, dann noch eine, noch zwanzig und mehr. Nichts hilft besser bei Kälte, dachte er, als nicht mehr zu frieren. Schweiß rann jetzt auch über sein kleines Gesicht. Er wollte ein guter Schäfer sein, ein guter König, Hans, zehn Jahre alt, gut und stark. Im Stall standen die überlebenden Schafe, begriffen weder ihr Glück noch ihr Unglück und rochen nach allem zugleich.

Als er die letzte Karre geleert hatte, wusch Hans seine Hände im eisigen Wasser des Eimers, bis sie taub waren und steif. Dann holte er das übrige Brot aus der Jacke und kaute es gegen den Ekel, bis es ein wenig süß zu schmecken begann. Die Mutter trat zu ihm und legte die Hand auf seine Schulter, als wäre er ein Waisenkind und sie eine Amme: Nimm es nicht so schwer, Hans. So ist das Leben. Und so ist der Tod. Das war der dürre Trost, den sie ihm spenden konnte.

Der Haufen am Ufer, auf dem der Vater die sechs toten Schafe verbrannte, glomm noch am Abend, ein Haufen aus Asche und Knochen. Er war vom Festland aus zu sehen, ein schwaches Irrlicht weit draußen im See.

Dann kam die Nacht über den See und raubte den Dingen die Farben. Ein paar retteten sich noch eben ins Haus. Gelb, Orange, ein schwaches Rot: der Kerzenschein, die Glut im Ofen, das Blut in den Wangen.

Hans saß schon am Tisch und schaute umher. Der Vater ließ sich auf seinen Stuhl fallen, als würde er nie wieder aufstehen. Er stopfte die Graupen in sich hinein, das Gesicht beinah im Teller. Er schien stets zu fürchten, diese Mahlzeit könnte seine letzte sein. Nach dem Krieg hätten sie Gürtel ausgekocht, hatte er einmal erzählt, damit das Wasser nach Leder schmeckte und nicht nur nach nichts.

Was ist der Krieg, hatte Hans sich gefragt. Und wie schmeckt ein Gürtel?

Die Mutter saß aufrecht, mit einer Würde, die sie ganz allmählich verlor. Sie malte mit dem Löffel einen Kreis in die Graupen und dann einen Kreis um den Kreis. Sie aß lustlos und wenig.

Einmal war Hans, daran erinnerte er sich jetzt, mit ihr vom Markt heimgegangen, da war er drei oder vier gewesen, sie hatten Erdbeeren gekauft, dann hatte es zu regnen begonnen. Sie hatten Schutz unter dem

Vordach eines Ladens gesucht. Ein Bach war plötzlich den Rinnstein hinuntergeflossen. Die Mutter hatte den Kopf des Jungen zwischen Hüfte und Arm geborgen, am weichen, kühlen Stoff ihres Kleids, und ihn sacht hin und her gewiegt. Sie war schön gewesen, auch daran erinnerte sich Hans, die schönste Mutter der Welt. Dann hatte sie gesagt: Siehst du, mein Kleiner, da hinten wird der Himmel wieder blau. Und als die Sonne aus den Wolken hervorgebrochen war, hatte Hans gedacht: Das hat meine Mutter geschafft, sie ganz allein.

Konnte sie sich daran auch noch erinnern? Oder hatte sie alles vergessen? War es überhaupt je geschehen?

Hans blickte zu ihr, zum Vater und wieder zur Mutter. Er wollte nicht versäumen, wie sich ihre Mienen zum Guten veränderten, wie jemand, der im Regen nach dem Blau Ausschau hält. Aber sie starrten nur in die Graupen, jeder für sich. Am Fenster klirrte ein Schellenkranz aus Eis. Eine späte Fliege ahnte nichts von der Kälte dort draußen und suchte mit wachsendem Irrsinn einen Weg aus der Stube. Sie hatte, an der Spanne ihres Lebens gemessen, viele Jahre hier verbracht.

Der Vater trug schon die Puschen des Schäfers, sie passten ihm leidlich. Er wischte den Teller mit Brot aus und stellte ihn zurück in den Schrank. Die Mutter saß noch immer vor ihren Graupen. Sie schien nicht mehr an ein Wunder zu glauben und dennoch zu hoffen, dass es endlich geschah.

Wenn die Eltern nur wüssten, dachte Hans, wie lieb er sie hatte, dann würden sie lächeln, dann wären sie froh. Dann wäre endlich ein Blau am verhangenen Himmel zu sehen. Hier findet uns keiner, wollte er sagen. Hier sind wir sicher. Bestimmt. Aber diese Worte verschwanden, so wie andere auch, jeden Tag vier oder fünf.

So, sagte die Mutter, erhob sich vom Tisch und kippte die restlichen Graupen zurück in den Topf, dann wollen wir mal. Hans setzte sich auf sein Schaukelpferd und ritt irgendwohin. Auf dem Porträt freute sich der berühmte Athlet über seinen längst vergangenen Sieg. An der Wand gegenüber hing das Bild von dem Mann und dem Hund. Hat der Hund, dachte Hans, nicht gestern noch links von dem Mann gesessen und nicht rechts?

In den Tagen darauf verendeten drei weitere Schafe. Die Feuer, in denen sie brannten, waren nicht mehr so groß wie das erste. Vom Festland aus waren sie nicht zu erkennen.

Am Morgen stieg Hans in die Hose, zog das Hemd und die Strickjacke an. Durch die Ritzen zwischen Fenstern und Decken, die der Vater aufgehängt hatte, damit es nicht, so sagte er, wie Hechtsuppe zog, gleißte das Licht. Hans setzte sich an den Tisch und aß seine Grütze, die noch heiß war, er pustete, schlürfte. Hafer und Wasser, kein Zucker, kein Honig. Auf dem Sims lag die Fliege von gestern. Es ging ihr nicht gut.

Iss wie ein Mensch, sagte die Mutter, nicht wie ein Schwein.

Hans pustete, schlürfte, jetzt aber leiser. Was war bloß mit der Mutter, fragte er sich. War ihr denn immer noch kalt? Was ließ sie frieren? Dann hörte er das Stapfen von Stiefeln im Windfang: Der Vater erschien in der Tür. Er trug einen blauen Kittel, darunter eine wollene Weste, und hatte in seiner Eile vergessen, die Forke vorm Haus abzustellen. Auf seiner Mütze lag Schnee. Seine Augen waren sehr groß. Er war außer Atem.

Der Hund, sagte er, der Hund. Er ist wieder hier.

Was redest du da, sagte die Mutter. Welcher Hund denn?

Der Hund des Schäfers. Er ist wieder hier.

Wo denn? Sag, wo.

Da hinten beim Stall.

Sie liefen hinaus in den Tag und die Kälte. Hans war geblendet vom Weiß. Dann erst sah er den Hund: Ein schwarzer, magerer Mudi duckte sich hinter die Sträucher der Heide, ein Kundschafter ohne Armee, misstrauisch, neugierig, hungrig. Er winselte, hechelte, schaute. Ich kann dich sehen, dachte Hans. So ein schlechtes Versteck.

Geh, hol das Futter, sagte der Vater. Wir locken ihn an.

Rasch trug Hans den Beutel mit getrocknetem Pansen vom Schuppen herbei. Das Winseln des Mudis wurde lauter und lauter. Er heulte jetzt vor Freude und Furcht. Wie zähmt man einen verwilderten Hund, dachte Hans. Er ist ja beinah ein Wolf. Weiß er denn noch, dass er ein Hund gewesen ist?

Na, komm, sagte der Vater. Komm her.

Der Mudi duckte sich wieder hinter die Sträucher. Dann schlich er näher heran, den Schwanz zwischen die Beine geklemmt. Er zögerte noch einmal, die Schnauze dicht überm Schnee. Geifer schäumte aus seinen Lefzen. Endlich stürzte er sich auf das Futter und fraß und kaute und vergaß alles, was zuvor gewesen war: die Einsamkeit, die Kälte, den Hunger.

So ist es recht, sagte der Vater. Friss dich schön satt.

Wie nett der Vater zum Hund ist, dachte Hans.

Gehört der jetzt uns, fragte er.

Er ist deiner, sagte der Vater. Pass gut auf ihn auf.

Das mach ich, sagte Hans. Versprochen, ganz fest.

Er hatte sich fünf Hunde gewünscht und endlich einen bekommen. Der Vater schlug ihm auf die Schulter und ging hinüber zum Stall. Die Mutter war schon wieder im Haus.

Hans blieb beim Mudi und betrachtete ihn: Strähnen aus festgefrorenem Schneestaub durchzogen sein Fell, das ihm zu groß geworden war wie ein alter Mantel einem Heimkehrer. Steif hing es an seinem mageren Körper herab. Dieser Hund war ein erbärmliches Wesen, Hans liebte ihn vom ersten Augenblick. Er gab ihm den Namen des mutigen Häuptlings aus seinen drei bunten Heften: Er nannte ihn Bull. Ich bin Hans, sagte er leise, ich bin jetzt dein Freund. Bull nagte am Pansen und knurrte zufrieden.

In der Heiligen Nacht, hatte Hans gehört, sprechen die Tiere zu den Menschen.

So vieles, beinah alles ist kartografiert: die Landmassen, die Gebirge, die Täler, die Ebenen, die Meere, die Flüsse, die Seen, der Mond. Kinder malen Atlanten des Himmels, Wolken darauf, die bald ihre Gestalt ändern, davonziehen, an fernen Hängen abregnen und sich so schließlich auflösen. Auf den Bildern der Kinder aber sind sie für immer erfasst. Man glaubt, selbst das Ausmaß der Hölle zu kennen: Dreitausend Meilen tief sei der Trichter gewesen, den der gefallene Engel bei seinem Sturz in die Erdkruste schlug. Doch je genauer ein Geodät ein Ufer vermisst, desto länger wird es, bis es sich im Unendlichen verliert, der Geodät laut auflacht und dem Wahnsinn verfällt.

Wie groß ist diese Insel? Wer vermag sie zu vermessen, ohne irre zu werden?

Hans war nur ein Junge, ohne Schnurspanner und Theodolit, ohne Stab und ohne Vergleich. Er konnte die Insel in einer halben Stunde umrunden, und doch war sie für ihn von Beginn an die größte der Welt. Er stellte sich vor, der Findling sei ein Bergmassiv, die Wiesen das Grasland und der See ein Ozean mit Wracks darin, Kraken und Monstern. Das dümpelnde Treibholz da draußen: ein Frachtschiff aus der Ferne, das die neuen Tage brachte. Noch waren die Lager voll davon.

Hans lief jetzt ins Wäldchen hinein, Bull, der Mudi, treu neben ihm her mit wehenden Ohren. Sie eroberten alles, worauf sie nur stießen: jeden Baum, jeden Ast, jeden Zweig, das Dickicht, die Steine, den Sand und den Pfad. Das ganze Wäldchen war bald ihres, die Luft, das Licht, das Wasser, der Himmel darüber, alles, die Sonne, alles.

Die Bucht, die er entdeckte, benannte er nach seinem einzigen Freund: Karl-Georg-Bucht. Wenn Kalle das wüsste. Hier findet uns keiner. Hier sind wir sicher. Bestimmt. Ob er ihn je hier besuchen würde?

Am Strand legte er Kiesel aufeinander, für jeden Tag einen: Das sollte fortan sein Kalender sein. Ein paar steckte er sich in die Tasche, nur für den Fall, dachte an den Junggesellen aus dem Dachgeschoss und sagte ganz leise, kaum hörbar: Guten Tag?

Jenseits des Sees sah er das Festland, die verkleinerte Stadt, und zerdrückte den Kirchturm zwischen den Fingern. Grieseis schwappte in der Bucht auf und ab. Hinter der blassgelben Sonne schien noch ein anderes, helleres Licht.

Für die Eltern hatte er sechs schöne Dinge gefunden: einen Zapfen mit Tränen aus Harz, zwei Scherben einer schon ewig zerbrochenen Tasse, die Schale eines Singdrosseleis, blau wie Topas, und zwei Blätter aus dem Laub des vergangenen Sommers. Er zeigte die Dinge dem Mudi, der lächelte ihn an. So liefen sie für Stunden dahin. Die Zeit hatte Hans wieder vergessen, aber das war jetzt ganz gleich, der Zeit und auch ihm. Er nahm einen Zweig und trug ihn als Zepter: ein streunender König in seinem Reich.

Hans, der Gewaltige.

Hans, der Kirchen zermalmt.

Hans, der das Festland verstößt.

Als die Mutter ihn zum Abendbrot rief, stand er am Fenster des Schuppens, und malte mit dem Finger Gesichter in die gefrorenen Scheiben, böse und gute. Dann ging er hinein. Es gab wieder Graupen. Mmmh, machte Hans. Aber das war gelogen.

Eine Woche verging, vielleicht auch ein Jahr oder drei. Manche Kiesel hatte Hans am Strand aufeinandergelegt, manche hinaus auf das Eis geworfen. Sie glitten aus seinem Blick und überdauerten dort draußen den Winter, bevor sie im folgenden Frühjahr versanken. Schnee fiel und stieg wie winzige Schimmel. Hans zog den Ärmel hoch und fing die Flocken im Flaum. Er sah zu, wie sie tauten.

Im Stall standen die Schafe und kauten das Heu. Der Vater fällte mit der Axt eine Tanne und schleppte sie hinüber zum Haus: Es war Weihnachten auf der Insel weit draußen im See.

Die Mutter stand schon am Ofen und rührte eine Nuss in den Brei. Wer sie in seiner Schüssel findet, darf sich was wünschen: So will es der Brauch. Hans schlich sich in den Schuppen und zog die Schachtel hervor, in die er die sechs schönen Dinge gelegt hatte, und breitete sie aus: die Scherben, die Blätter, den weinenden Zapfen, das Singdrosselei. Er bestaunte sie, als hätte er das Gold der Zaren entdeckt.

Er dachte zurück an das Schaufenster, in dem jeden Dezember die elektrische Eisenbahn gefahren war, im Kreis immerzu, an die Hügel aus Gips und die Bäumchen aus Moos. An den kleinen fettigen Abdruck seiner Nase auf dem Schaufensterglas. An die blanken Schuhe der anderen Kinder auf dem Weg zur Mitternachtsmesse. An die gefalteten Hände der Eltern, an die Nägel des Vaters, deren Ränder schwarz blieben, so lange er sie auch bürsten mochte. An den schiefen Gesang, an die Strophen, die er nicht gekannt hatte, an die Kraft und die Herrlichkeit, in Ewigkeit, Amen. An Manne, der im Treppenhaus auf dem Absatz über ihm gethront und Lebkuchen in sich hineingestopft hatte.

Willst du was abhaben, Winzling?

Ja.

Kriegst aber nichts.

Er dachte an das, was er sich so sehnlich gewünscht und doch niemals bekommen hatte. Jetzt war er noch immer der Ärmste, aber der Reichste zugleich. Was er sah, gehörte nur ihm, und er würde alles verschenken. Er legte die Dinge zurück in die Schachtel und schob sie tief in die Jacke. Der Mudi im Zwinger wollte gern zu ihm sprechen, aber wusste nicht, wie. Er fiepte verlegen. Ist gut, sagte Hans, ist gut. Er tätschelte ihn. Dann lief er hinüber zum Haus, ein König im Schnee. Der Wind kam von weit her und rüttelte am gebrechlichen Dach. Drinnen war es warm.

Stille Nacht, sang Hans jetzt, heilige Nacht. Er sang wieder schief und vergaß ein paar Wörter. Alles schläft, einsam wacht. Die Eltern hörten ihm zu und machten Weihnachtsgesichter, so gut sie es eben vermochten.

Den Brei aßen sie langsam, ohne jegliche Hast. Auf dem Tisch brannten vier Kerzen und schienen wider in ihren Augen. Die Mutter fand in ihrer Schüssel die Nuss. Was sie sich wünschte, behielt sie für sich. Sie lächelte knapp und verschämt. Dann holte Hans die Schachtel hervor und legte sie auf den Tisch vor die Eltern.

Frohe Weihnachten, sagte er. Das ist für euch.

Die Mutter hob den Deckel an und erblickte die Gaben.

Mir fehlen die Worte, sagte sie, und sie fehlten ihr wirklich, wie Zähne im Mund einer Greisin.

Ist ja doll, sagte der Vater.

Zapfen, Scherben, Schale und Blätter lagen jetzt auf dem Tisch. Zwei Strohengel schwebten zwischen den Zweigen der Tanne, zerzaust und doch tapfer. Im Ofen prasselten die Scheite.

Jetzt bist du an der Reihe, sagte der Vater.

Er griff in die Tasche des Hemdes, schob die geschlossene Faust hinüber zu Hans, öffnete sie und zeigte ihm ein Klappmesser mit hölzernem Griff.

Hier, sagte er, das ist für dich.

Aber das ist doch deins.

Du wirst es brauchen.

Danke.

Verlier es bloß nicht.

Niemals.

Lang blieb Hans am Tisch sitzen und betrachtete das Messer, klappte es auf und zu, auf und zu und dann wieder auf. Er strich über den Griff und die Klinge und stach sacht in die Luft. Die Mutter legte Zapfen, Scherben, Schale und Blätter in immer neue Reihen und versuchte beharrlich, darin die frohe Botschaft zu lesen. Der Vater döste am Ofen auf seinem Stuhl. Vielleicht, dachte Hans, wendet sich heute Abend alles zum Guten.

Über der Stadt in der Ferne lag ein katzengoldener Schein: stille Nacht, heilige Nacht. Die Nachbarn stritten sich nicht. Der Hauswart schnarchte, seine boshafte Frau neben ihm auch. Der Manne war das satteste, zufriedenste Kind auf der Erde. Schwitzend schlief er, eine Kompanie von Zinnsoldaten schob Wache an seinem Bett. Der Junggeselle blickte aus dem Fenster und rauchte seine Erinnerungen auf Lunge. Dass schon die Schwindsucht in ihm steckte, würde er erst im kommenden Jahr erfahren, zu spät. Kalle hatte Schuhe geschenkt bekommen, die ihm noch zu groß waren. Muss sich ja lohnen, hatte sein Vater, der Helmut, gesagt. Kalle würde sie so lange in einem Karton unter seinem Bett aufbewahren, bis sie ihm zu klein geworden wären.

Auf dem See schloss sich das Eis indes zu einer riesigen Platte. Der Rotfuchs erkannte die Gunst: Vom Festland her schnürte er durchs Dunkel zur Insel und sprach dabei mit sich selbst.

Es kam die Zeit zwischen den Jahren, das alte war vergangen, das neue ohne Gestalt. Die Chroniken waren schon verfasst und geschlossen. Nichts von Belang durfte jetzt noch geschehen.

Das Eis auf dem See wurde dicker und dicker. Die Fische sanken zum Grund, hielten den Atem an und verharrten dort unten mit verlangsamtem Puls. Über ihnen, nahe der Reede, liefen die Stadtkinder Schlittschuh: Manche glitten, manche stürzten, manche lachten, manche weinten, manche taten all das zugleich. Sie tummelten sich in einer lärmenden Schar. Mit ihren roten und braunen und schwarzen Kapuzen waren sie drollig anzuschauen, so klein und so sterblich, unter ihnen der Abgrund des Sees. Doch das Eis war verlässlich. Nichts von Belang durfte jetzt noch geschehen.

Zwei Mädchen lösten sich aus ihrem Verbund und liefen hinaus, Hand in Hand, immer tiefer in die frostige Weite. Der Lärm der anderen verstummte allmählich. Sie waren noch nie so heimlich und weit fort von zu Hause gewesen wie jetzt auf dem gefrorenen See, inmitten des Nichts.

Sie hörten sich selbst keuchen, wenn sie kurz

glaubten, sie stürzten, und sich dann doch wieder fingen. Sie hörten das Rascheln der Kapuzen an ihren Ohren. Zwei kleine Herzen pochten unter den Mänteln. Auf einer Schneewehe saß der Wasserrabe und betete mit ausgebreiteten Flügeln zur Sonne. Da erblickten die Mädchen in der Ferne die Insel, den entsetzlichen Hügel im Eis. Sie bremsten ab und kamen schlitternd zum Stehen.

Da wohnt wer, sagte das eine, hab ich gehört.

Du glaubst auch alles, sagte das andere.

Guck doch, der Rauch aus dem Schornstein.

Wer soll denn da wohnen?

Ich weiß nicht. Verbrecher vielleicht.

Du spinnst doch.

Komm, lass uns umkehren.

Ist gut.

Sie eilten zurück zu den anderen. Unter den Kufen sang leise das Eis. Die Fische erwachten für eine Minute und lauschten verwundert am Grund. Der Wasserrabe wartete auf die Antwort der Sonne. Als sie versank, flog er ihr nach in einen anderen Tag.

Am anderen Ende des Eises saß Hans auf dem Findling. Über den See drangen manchmal Geräusche herüber zu ihm: die Sirene des Krankenwagens, der einen vom Dachstuhl gefallenen Zimmermann rettete oder auch nicht, das Kreischen von elektrischen Sägen, das Grollen einer Sprengung im Steinbruch. Ein Horn, das zur Jagd blies, das Bellen einer Meute von Bracken, ein Schuss und dann noch einer. Das Pfeifen der Dampflok, die den Bahnhof verließ. Und jetzt, von weit her, das lustige Lärmen von Kindern auf Schlittschuhen. Pochende Herzen, raschelnde Kapuzen.

All die Geräusche, vielleicht riefen sie Hans. Vielleicht riefen sie: Es ist besser geworden, es geht jetzt, es geht, komm zurück in die Stadt, kleiner Mann, du bist doch einer von uns. Vielleicht war es nur Krach, zerfetzt und verirrt, vielleicht war da auch gar kein Geräusch. Hans saß auf dem Findling, lauschte und schwieg. Einen Freund zu haben, dachte er, zum Spielen und Teilen, das wäre schön. Kalle fehlte ihm sehr. Er hatte ihn lieb, mit jedem Tag lieber, seinen besten, einzigen, auf dem Festland verschollenen Freund.

Sie hatten Soldaten im verfallenen Bunker gespielt, inmitten der flimmernden Felder, weit vor der Stadt, im Sommer zuvor. Hans sah es jetzt vor sich, als wäre er in der Hitze eingeschlafen, die er liebte, weil sie ihn so schön benommen machte, das Gesicht den sieben Sonnen zugewandt, und nach einer halben oder ganzen Stunde wieder aufgewacht: Alles lag da in verschattetem Blau, dem müden Licht eines Traums, der einmal wahr gewesen war.

Sie waren mit Ästen bewaffnet gewesen, hatten sich dem unsichtbaren Feind entgegengeworfen, der von der Schonung her angegriffen hatte. Pengpeng, hatten sie gerufen, bis die Munition in den Ästen zur Neige gegangen war. Die Pulle voll Wasser hatten sie sich geteilt, der letzte Schluck war immer der schlimmste gewesen und der beste zugleich. Eine Wolke war, weil sie nicht hingesehen hatten, den ganzen Tag am selben Fleck geblieben, ein Luftschiff aus Dampf.

Einmal war Hans von einer Kugel getroffen worden und hatte versehrt auf dem Schlachtfeld gelegen. Er hatte geschrien und sich das Bein gehalten. Kalle hatte ihn mit all seiner Kraft zurück in die Stellung gezogen und seine Wunde verbunden mit seinem Taschentuch.

Komm ich durch?

Wird schon wieder.

Als die sieben Sonnen fast schon die Wipfel der Bäume berührt hatten, waren die Jungen nach Hause zum Abendbrot gegangen, so langsam wie möglich, zwei Vagabunden aus einem alten Groschenroman. Staub war um ihre Sandalen geschwebt und hatte sich gelegt, wenn sie für eine Weile stehen geblieben waren. Ihre Schatten waren länger und länger geworden. Sie hatten über den Kampf und den Feind gesprochen und wie sie ihn doch noch besiegen würden durch eine List. Über die Komantschen in den bunten Heften, über das große Spiel am kommenden Samstag. Glaubst du, sie können gewinnen? Glaubst du, er macht wieder ein Tor?

Euch kann man im Laufen die Schuhe besohlen, hatte der Helmut einmal gesagt. Aber sie hatten doch nur versucht, den Tag zu verlängern, ihn vorm Vergehen zu bewahren. Hatten sie etwa gewusst, wie kostbar er war? Hätten sie sich dann nicht umarmt? Erst auf den letzten Metern hatten sie sich beeilt. Es war ein zu kurzer Abschied.

Bis morgen dann, hatte Kalle gerufen und war losgerannt, als wäre es jetzt auf Sekunden angekommen. Der Strafe des Vaters war er sich ohnehin sicher gewesen. Hans hatte ihm noch lang hinterhergesehen.

Bis morgen.

Aber dann hatten die Tage sich von den Wochen gelöst wie Blätter im Herbst von den Bäumen und waren auf alles herabgesunken. Der Sommer, in dem sie Soldaten gespielt hatten, war für immer verstrichen. Der Oktober war gekommen, der frühe Einbruch der Nacht, der November und gleich noch ein November. Der große Entschluss, auf die Insel zu ziehen. Die Kontinente der Freunde Kalle und Hans waren auseinandergedriftet, weiter und weiter. Jetzt lag ein See zwischen ihnen, groß wie das Meer.

Würden sie sich wiedersehen, wenn das Frühjahr käme? Würde das Frühjahr kommen, wenn sie sich wiedersähen? Hörte Kalle jetzt die gleichen Geräusche wie Hans, das Sägen, das Grollen, das Pfeifen der

Dampflok, das Tönen des Horns, das Bellen der Bracken, die Schüsse? Das Pochen, das Rascheln? Würde er Hans hören, wenn der jetzt so laut nach ihm riefe, wie er nur konnte?

Kalle lief nicht Schlittschuh, weil er nicht konnte und durfte. Er sollte Eier holen, vom Krämerladen am anderen Ende des Viertels. Es war nichts mehr zu essen im Haus, ein Rest Butter nur noch und ein trockener Knust.

Beeil dich, hatte sein Vater gesagt, als er von der Arbeit heimgekommen war. Ich hab Kohldampf.

So war Kalle auf das Fahrrad seiner Mutter gestiegen und über eisglattes Kopfsteinpflaster gefahren, stehend, denn der Sattel war zu hoch für ihn, mit durchgestreckten Armen. Den Lenker hielt er so fest, dass die Knöchel seiner Finger ganz weiß wurden. Die Handschuhe hatte er in der Eile vergessen. Wie immer war er entschlossen, den Auftrag des Vaters zu erfüllen, und voller Furcht, es zu vermasseln. Er schlitterte, er stürzte fast, die kalte Luft schnitt in seine kleinen Lungen. Die Uhr war gegen ihn, der Firnschnee in der Gasse und der Vater erst recht. Der Dynamo sprühte helle Funken, aber die Lampe glomm schwach. In einem Hauseingang rauchten Tunichtgute billigen Tabak und spuckten vor sich in den schmutzigen Frost. Ein Mädchen auf dem Gehsteig spielte Werwolf.

Und jetzt hast du Angst, sagte es zur Mutter.

Die Mutter aber entgegnete, sie könne erst zu Hause Angst haben, hier draußen sei es viel zu kalt. Und jetzt beeil dich endlich mal, Kind.

Da vorn müsste doch der Laden kommen, dachte Kalle, oder nicht? Ihm war, als führe er rückwärts. Er fror und schwitzte. Dampf stieg von seinen Schultern empor. Ein paar Meter weiter rauchten Tunichtgute billigen Tabak und spuckten vor sich in den schmutzigen Frost. Waren es dieselben? War er hier nicht schon gewesen? Lachten sie ihn aus? Dann kam der Laden, endlich.

Sechs Eier, bitte, sagte Kalle keuchend, so laut und fest er vermochte. Seine Lungen schmerzten noch immer.

Der Kaufmann hinterm Tresen hatte Zeit und trieb damit ein böses Spiel. Er tat, als müsste er die Eier erst suchen. Na, wo haben wir sie denn? Eben waren sie doch noch hier. Er suchte eine ganze Weile, in den Schränken, im Kabuff. Er hob sogar die Falltür an und lugte in den Keller. Da sind sie ja, rief er schließlich und schlug sich an die Stirn. Er hielt sie Kalle hin in seinen großen, fetten Händen, drei in einer, zwei in der anderen.

Das sind nur fünf, sagte Kalle mit dem Mut der Verzweiflung.

Zählen kann er, sagte der Kaufmann. Immerhin. Er lachte. Kleiner Scherz zum Feierabend. Dann gab er ihm ein sechstes Ei. Kalle warf die Münzen in den Teller und rannte aus dem Laden.

Er fuhr zurück, so schnell er nur konnte, die sechs Eier vorn im Korb. Die Schachtel hüpfte auf und nieder. In Kalle wuchs die Sorge an: Was, wenn ein Ei kaputtging? Wenn er stürzte und gleich alle sechs zerbrachen? Er stieg vom Fahrrad, schob es und verfiel sogleich in eine andere Sorge: Was, wenn er zu spät war? Wenn der Vater sich mit dem Knust Brot begnügen musste und dem erbärmlichen Rest Butter? Dann hätte Kalle ihn betrogen. Dann hätte er wieder mal versagt.

So stieg er wieder auf und wieder ab, wieder auf und wieder ab. Was war die Lösung?

Der Firnschnee wurde immer glatter. Die Tunichtgute rauchten. Die Mutter hatte jetzt zu Hause Angst, vor dem Mädchen, dem Werwolf. Und es ist ungewiss, ob Kalle je beim Vater ankam und seinen großen Hunger stillen konnte. Seine Spur verlor sich hier fürs Erste.

Durch den nördlichen Pazifik zieht ein großer Wal, von den Aleuten bis zur Bucht von Monterey und wieder zurück, seit vielen Jahren schon und immer allein. Er singt sein Lied in einer falschen Lage: Er singt es zu hoch. Darum können die anderen ihn nicht hören und bleiben ihm die Antwort schuldig.

Er ist der erste und der letzte seiner Art: der einsamste Wal der Welt.

Sucht er denn Gesellschaft? Dann wäre seine Geschichte traurig. Oder will er für sich sein? Dann wäre sie schön. Vielleicht ist es ihm gleich, er ist ein Wal und kein Mensch. Dann wäre sie beides, traurig und schön.

An einem Nachmittag im späten Januar stand Hans auf einer Leiter, sammelte die Mumien der Kirschen vom Baum, damit der Schimmelpilz darin nicht überwintern konnte, und schnitt die verkrüppelten Triebe zurück. Dass hier wieder Knospen austreiben würden, wie der Vater behauptet hatte, konnte er kaum glauben. Noch war jedes Frühjahr für ihn ein Wunder, das sich nicht wiederholen konnte. Die Insel schien für immer zu schlafen und damit alles auf ihr: die schütteren Birken und Tannen, die Heide, die Gräser, das Schilf, die beiden Schwäne auf dem Steg mit ihren Köpfen unter den Flügeln, würdevoll und beleidigt zugleich, die Hoffnung schlief, der nächste Tag, selbst die kommende Stunde.

Die Tür des Schuppens öffnete sich lautlos und fiel wieder zu, öffnete sich und fiel wieder zu, Dutzende Male, aus Langeweile bloß und nicht vom Wind, denn der schlief jetzt auch. Wohin zieht sich das Frühjahr zurück, bis es zurückkehren darf? Wo übersteht es den Winter?

Hans sah schon die Strahlen des Leuchtturms auf dem Festland im aufkommenden Nebel sich drehen, vor Untiefen warnend. Doch längst fuhr kein Schiff mehr über den gefrorenen See. Er sah die Haufen von Asche und Knochen am Strand, einen großen, drei kleine. Er sah, wie die Mutter den Eimer mit Abfall hinaustrug, ihn leerte und dann zurückging ins Haus. Wie der Vater Brennholz für den Ofen hackte und es aufschichtete. Wie gut und ordentlich er es tat. Wie er dann ein Loch in den Schnee pisste. Hans sah sie beide, die Mutter, den Vater, und damit alle Menschen, die es auf seiner Welt noch gab außer ihm. Liebte er sie? Wen denn sonst.

Er sah die letzte verdorrte Kirsche in seiner Hand, legte sie in den Korb zu den anderen und stieg von der Leiter. Er hatte noch einen Baum vor sich und nicht mehr viel Zeit. Vom Himmel sank allmählich das dunkle Tuch des Abends herab. Der Orion erschien aufrecht im Süden und spannte den Bogen.

Die Zeit verging, kehrte um und verging dann noch einmal. Es kam nicht nur ein Februar, es kamen gleich zwei oder drei. Dann kam ein März und ein weiterer. Dann noch ein Februar. Es war nicht so, dass nichts geschah: Das Nichts geschah, das dunkelweiße Nichts eines nicht endenden Winters.

Kalle und Hans hatten gern Verstecken gespielt: unterm Tisch, in den Wäldern, in den aufgegebenen Baracken am Rande der Stadt. Es war ein schönes Gefühl gewesen, schrecklich und schön, der Welt abhandengekommen zu sein, unauffindbar wie ein verlegter Schlüssel. Still war es im Unterschlupf gewesen. Atem und Puls, anfangs noch hastig, waren zur Ruhe gekommen. So hatte Hans zum ersten Mal im Leben seine Konturen erkannt: Das war also er ohne die anderen, die Eltern, Kalle, die Nachbarn, den Manne, ohne alle, die ihn umringten. Das war der Klang seiner Gedanken. Das war die Temperatur seines Bluts, der Geruch seiner Haut. Das war er, das war Hans.

Während er so in seinem Versteck gesessen hatte, den Kopf auf den schmutzigen Knien, eins mit sich selbst, hatte sich Kalle allmählich entfernt und mit ihm sein Rufen. Es war noch stiller geworden. Hans war jetzt von immenser Geduld erfüllt gewesen und von der noch größeren Hoffnung, niemals gefunden zu werden, nicht mal von Kalle. Verrat mich nur nicht, kleiner Spatz da im Zweig. Sei ja schön leise. Zeit war in unbekanntem Ausmaß vergangen, Sekunden wurden zu Minuten, zu Stunden.

Dann nahm die Geduld langsam ab, und die Hoffnung wurde zum Zweifel: Ist Kalle schon heimgegangen, hatte Hans sich gefragt, zum Abendbrot? Hat der Helmut ihn nach Hause bestellt? Hat er mich etwa vergessen? Bin ich jetzt ganz allein auf der Welt? Was ist

Verstecken für ein tristes Spiel, wenn niemand mehr nach einem sucht?

Doch dann, als er kaum mehr damit gerechnet hatte und der Spatz, der ihn hätte verraten können, längst mit einem kurzen, trockenen Trommelwirbel seiner Flügel davongeflattert war, hinein in den offenen Abend, war Kalle plötzlich kreischend durchs Dickicht geprescht.

Hab dich, hatte er gerufen.

So war Hans zurückgerissen worden in die Welt der anderen und hatte nicht mehr gewusst, wie er das eigentlich fand. Der Schrecken war bald einer seltsamen Stumpfheit und Leere gewichen. Er hatte auf der Lichtung gestanden, verloren, betreten wie ein Ausreißer, den die Wächter wieder eingefangen hatten.

Was ist, hatte Kalle gefragt. Was hast du?

Nichts, hatte Hans entgegnet.

Doch er war der Verlierer des Versteckspiels gewesen und hatte noch etwas anderes verloren: sich selbst, wie er eigentlich gewesen wäre, wenn niemand ihn dabei gestört hätte.

Nur einen letzten Rest Freiheit, eine Erinnerung an eine Ahnung von ihr, hatte er ganz heimlich bei sich behalten wie eine im Schuh verborgene Münze, die er dem Sieger unterschlagen hatte. Kalle hatte nichts von alldem gewusst. Für ihn war es nur ein Spiel gewesen.

Mann, hatte er gesagt, hab ich einen Hunger.

Erst Ende März löste die Kälte ihren Griff. Das Eis auf dem See begann zu bersten. Tropfen aus den Rinnen des Hauses und von den Zweigen der Bäume durchsiebten den Schnee und machten ihn sulzig. Die Birken und Erlen sogen durstig das Wasser in ihre Kronen. Krokusse färbten die Wiese am Waldrand violett wie ein Altartuch in der Bußzeit. Schnecken regten sich endlich nach schier endloser Starre: Sie hatten den Tod überlebt. Die Goldammer baute ihr Nest im Gehölz mit so großer Sorgfalt, als sollte es für die Ewigkeit halten. Und kann denn ein einziger Frühling für die Goldammer nicht eine Ewigkeit sein? Jede Regung war neu und die erste jemals, jede Schwingung, jedes Aufblühen, jeder Duft, jeder Hauch. Im Stall lagen zwei trächtige Auen.

Es war jetzt nicht mehr lang hin bis Ostern. Gefastet hatten Hans und die Eltern nur aus Sorge, dass der Vorrat nicht reichte: Die Säcke standen schon schlaff in der Kammer. Hans konnte keine Graupen mehr sehen. Er sehnte die Ankunft des Kahns mit dem Nachschub herbei, den Schiffer mit seiner gemütlichen Plauze.

Hinter dem Schuppen, beim Hackstock zwischen Spänen und Splittern, fand er ein hölzernes Männchen. Es lugte mit einem Mal aus dem tauenden Schnee. Wer das geschnitzt hat, dachte er, hat bestimmt auch das Bild an der Wand gemalt, den Mann und den Hund, der mal links sitzt, mal rechts und dann wieder links, den lebhaften Mudi. Vielleicht ja ein Junge wie ich. Er steckte es in die Tasche und trug es stets bei sich, als Talisman, als Freund, als Ersatz. Mitunter nahm er das Messer, das der Vater ihm geschenkt hatte, und schnitzte weiter am Männchen, behutsam wie ein Feldarzt, der noch neu ist in seinem Geschäft. Er schnitzte ein feines Gesicht, einen Mund, eine Nase, Augen und Ohren, einen Ausdruck zwischen Lachen und Weinen, verwundbar und trotzig, den Ausdruck eines Kindes, das auf frischer Tat ertappt wird und doch alles abstreitet. Es ähnelte Kalle, wenigstens sollte es das. Im Wäldchen hörte Hans mitunter die Äste hinter sich knacken. Er drehte sich um, doch sah keinen Menschen. Was war aus dem Jungen geworden? Und aus seinem Vater, dem Schäfer? Was wusste der Mudi? Was wussten die Eltern?

Er solle nicht so viel fragen, hatte der Vater ihn wieder und wieder geheißen. Dabei fragte er selten, fand Hans, er fragte fast nie. Er fragte nur, wenn es nicht anders ging. So war es auch jetzt.

Der Vater hobelte draußen Bretter zurecht. Er wollte das Stalltor ausbessern. Zwei fertige Bretter lehnten schon an der Wand, frisch, glatt und gelb. Hans stand daneben und wartete, die Hände an den Nähten der Hose. Was er fragen wollte und musste, wurde in ihm immer lauter. Sein Mund aber war trocken, seine Lippen klebten zusammen.

Wo sind sie jetzt, fragte er endlich.

Wer, sagte der Vater. Der Hobel verkantete plötzlich im Holz.

Der Schäfer und der Junge. Wo sind sie jetzt?

Weg. Das weißt du doch schon.

Warum haben sie die Schafe im Stich gelassen?

Der Schäfer war alt. Er konnte nicht mehr.

Er hat doch gewusst, dass die Schafe verhungern.

Die Schafe, die Schafe. Die haben jetzt uns.

Der Vater schnaufte und nahm wieder Maß. Das Schrubben des Hobels hallte bis ins Wäldchen hinein. Die Schneide riss Locken vom Brett, die Luft roch nach Harz. Hans liebte seinen Vater, aber er hasste sein Schweigen. Er wollte ihn am Kragen packen und schütteln.

Wo sind sie jetzt?

Der Vater pustete die Späne vom Holz, die in den nassen Schnee hinabschwebten, und strich über die glatte Fläche des Bretts. So versuchte er, Zeit zu gewinnen. Hans blieb, wo er war, und blickte ihn an.

Hör zu, sagte der Vater.

Warum, dachte Hans, sagt er: Hör zu? Er hörte doch immer zu, selbst wenn niemand sprach. Er konnte hinter verschlossener Tür unterscheiden, ob ein Mensch schwieg, zwei Menschen, drei, vier oder zehn. Der Vater musste nur endlich den Mund aufmachen, verdammt. Hans blickte ihm in die Augen und durch sie hindurch. Der Vater senkte den Kopf wie ein Besiegter.

Der Schäfer.
Was ist mit ihm?
Er ist tot.
Tot?
Ja, tot.
Warum?
Er ist ins Wasser gegangen. Warum auch immer.
Konnte er denn nicht schwimmen?
Er wollte gar nicht. Er ist, denk ich, ertrunken.
Und der Junge?
Hat sich in Luft aufgelöst.
Aber.
Ich muss jetzt weitermachen.

Hans lief durch das Wäldchen zur Bucht und stand jetzt beim Schilf, das mit einem Mal zu flüstern begann: Und? Was hat der Vater gesagt? Red schon. Er betastete sein Gesicht mit zitternder Hand, die Wangen, die Brauen, die Stirn: Er, Hans, war noch da, wenigstens das. Aber was sollte das heißen: in Luft aufgelöst? Und was sollte das heißen: ins Wasser gegangen? Was macht ein Mann denn im Wasser, wenn er gar nicht schwimmen will?

Der Vater hatte Hans fortlaufen sehen. Jetzt stieß er einen Seufzer aus und glitt auf ihm zurück in der Zeit: in die Fragen des Jungen, zum Entschluss, auf die Insel zu ziehen, in die Fehler zuvor, in seine eigene Jugend und noch weiter zurück. Ein Schlaglicht fiel auf ihn selbst als kleines Kind, das Angst gehabt hatte. Wovor, das fiel ihm nicht ein. Aber die Angst war wieder da, für die Dauer des Seufzers und die lange Sekunde danach. Er tat sich leid, und auch Hans tat ihm leid, aber nur wie ihm ein Falter mit verrenktem Flügel leidgetan hätte, dem in seinen letzten Zuckungen nicht mehr zu helfen war.

Für einen Augenblick noch hielt der Vater inne.

Dann hobelte er weiter, sich selbst mit kümmerlichen Gedanken beruhigend: Bald würde er fertig sein, dann gäbe es Graupen, bald wäre Feierabend, noch zwölf Bretter fürs Tor. Die alten zersägte er und verbrannte sie später. Sie gaben ein heißes Feuer im Ofen, heiß, aber kurz.

Am Abend sagte die Mutter zu Hans, er müsse doch nicht weinen.

Wann er weine, sagte Hans, entscheide er selbst.

Alle, die kamen, auf der Insel lebten und starben, waren ihr so gleich wie der Sand, den der Wind zu ihr trägt. Wie der Halm, der darin wächst und schließlich unter der Sonne verdorrt. Wie der Wind selbst, die Sonne, der Regen, der Schnee.

Der Schäfer hatte oft auf dem Findling gesessen, auf dem auch Hans so gern saß. Es war auch für ihn der beste Platz auf der Insel gewesen. Er hatte dort jeden Tag nach getaner Arbeit gesessen, bis weit in den Abend hinein. Er hatte die Schwielen an seinen Händen betrachtet. Dann den See und wieder die Schwielen.

Er hatte schon seit Wochen eine Abscheu vor den Schafen verspürt, ihnen nur noch das Heu hingeworfen und den Mist einfach liegen lassen: Soll sich doch der Nächste drum kümmern. Über den Strand war der Mudi getollt, nichts ahnend, treu und fröhlich ohne erkennbaren Grund. Er hatte noch auf einen anderen Namen gehört: Er hieß schlicht Hund. Wenigstens der Hund ist noch da, hatte der Schäfer gedacht.

Sein Kopf hatte geschmerzt, wenn das Wetter umgeschlagen war, wegen eines Splitters im Schädel. Er hatte manchmal kaum denken können. Seine Frau hatte ihm noch gezeigt, wie man Brot backt und Löcher in Hosen und Joppen mit ein paar Stichen vernäht. Dann war sie im Krankenhaus auf dem Festland gestorben. Er hatte es vom Schiffer erfahren.

Ich muss dir was sagen.

Sag nichts.

Mein Beileid.

Schon gut.

Wie lange war das her? Wann hatte sein Sohn die Insel verlassen? Wohin war er gegangen? Wie schnell wachsen Kinder? Wie schnell wachsen Weiden? Eben waren sie noch so, jetzt sind sie so, hatte er gedacht und die Hand erst ganz flach über dem Boden gehalten, dann so hoch, wie er konnte, doch sie hatte nicht bis in die Kronen der Weiden gereicht und erst recht nicht bis zu seiner Frau. Sollten Jahre nicht kostbarer werden, je weniger einer noch von ihnen übrighat? Die des Schäfers aber waren wertlos geworden, wertlos und leer.

Laub, Regen, Dunkelheit. Beinah alles war jetzt Einzahl in seinem Leben. Schnee, Stille, Durst. Seinen Namen hatte so lange niemand gesagt, dass er ihn selbst mitunter vergessen hatte. Hatte er Günther geheißen? Ihm war so gewesen, aber vielleicht hatte er sich auch geirrt. Klang das nicht seltsam? Günther: Hatten die, die ihm diesen Namen gegeben hatten, eine Ahnung gehabt, dass aus dem Säugling der alte Mann werden würde, der jetzt hier auf diesem Findling saß?

So wie die Vernunft den Wahnsinn braucht, um bestehen zu können, der Trost die Traurigkeit, das Licht die Dunkelheit, die Freundschaft die Feindschaft und das Reh den Wolf, braucht die Gemeinschaft die Einsamkeit: Sie ist auf der anderen Seite und zugleich auf derselben, als Mahnung und Angst vorm Verlust. Der Schäfer war diese Angst lange los, wenigstens das.

Der See war taubenblau geworden, grünblau, violettblau, dann nachtblau, dann schwarz und noch schwärzer. Der Schäfer hatte sich vom Findling erhoben und war hinüber zum Haus gegangen, hatte Schnaps in ein

Glas gegossen, ihn getrunken, noch einen, noch einen und schließlich den Rest aus der Flasche. Der Schnaps war sein Kinn hinuntergelaufen, zu Boden getropft und in den Ritzen der Dielen versickert. Er hatte den Ärmel über den Mund gezogen. Das Bild an der Wand, vom Sohn gemalt vor ewiger Zeit, hatte er nicht mehr betrachtet. Zum Schluss hatte er noch einmal den Mudi gefüttert.

Mach es gut, Hund, alter Junge.

Dann war er ins Wasser gegangen.

Er hatte noch ein Licht gesehen, das schon, das Licht, von dem es hieß, es sei die erlösende Hoffnung. Aber sein Kopf war dicker gewesen als der Tunnel, an dessen Ende es geleuchtet hatte. Er passte nicht hindurch.

Erst hatten ihn die Aale gefunden, Wochen später zwei Fischer im Schilf.

Noch kam die Nacht früh und blieb lang, ein lästiger Gast. Ein letzter Sturm zog über den See, über die Insel und das Haus, gehetzter Bote des Winters. Zweige kratzten am Fenster wie ein Untier, das Einlass begehrte. Am Tisch legte die Mutter eine Patience. Hans saß daneben und schaute ihr zu: Kreuz vier auf Herz fünf, Pik acht auf Herz neun, Herz zehn auf Pik Bube. Dann schlief er ein, den Kopf auf dem Tisch.

So schlief er fest, als der Vater ihn weckte.

Komm schnell, sagte der, hilf mir im Stall.

Die Herde stand zusammengedrängt hinten im Dunkel, aufgewühlt und beschämt. Die trächtigen Auen lagen vorn im schlierigen Schein der Petroleumlampe: Einer ragte ein Köpfchen aus dem Leib, dann plumpste schon das Lamm ins Stroh. Hans rieb es trocken und wischte ihm den Schleim aus den Augen. Es rappelte sich auf, brach zusammen, kam wieder hoch und stand jetzt da, unzulänglich, hässlich und schön. Es kann schon stehen, dachte Hans. Wo hat es das bloß gelernt?

Die andere Aue blökte und starrte ins Leere, halb irre vor Qualen: Das Lamm steckte fest, die Hinterläufe voran. Der Vater band Stricke darum.

Zieh, rief er, zieh fester.

Hans zog, der Vater zog, sie zogen und zogen. Die Aue fiel hin. Sie zogen ihr ein totes Ding aus dem Leib. Sie blickte es an, enttäuscht und entkräftet, schleppte sich zurück zu den anderen Schafen, einer entlassenen Arbeiterin gleich, und verschwand in der Herde.

Der Vater stand da in Stiefeln und Schlafanzug, den Unterarm vor der Stirn. Schafsblut tropfte von seiner Hand auf den Boden des Stalls.

Verdammt, sagte er.

Er sagte es so, dass unklar war, ob er das Lamm meinte, das leblos zu seinen Füßen lag, den Schäfer, den Jungen, der sich in Luft aufgelöst hatte, sich selbst oder alles.

Verdammt, sagt er wieder. Verdammt. Verdammt. Verdammt noch mal.

Es war zwei oder drei Uhr in der Nacht zum Palmsonntag. Geburt, Liebe und Tod waren so nah beieinander, dass sie eins wurden. Der Vater besaß einen schwarzen Anzug, das fiel Hans jetzt wieder ein, den er bei Taufen, Hochzeiten und Bestattungen getragen hatte. Das Leben ist wie eine Hühnerleiter, hatte er einmal gesagt, kurz und beschissen. Warum ist dann deins schon so lang, hatte Hans sich gefragt. Wo war der Anzug geblieben? Warum zog er ihn denn nicht an? Warum warfen sie nie zusammen Steine ins Wasser, hoch und weit? Immer nur Schafe, manche tot, manche lebendig. Schafe, Schafe, Schafe.

Hans vergrub das Lamm mit dem Spaten im Wäldchen, tief genug, dass der Mudi es nicht wittern würde, der ahnungslos in seinem Zwinger lag und pennte. Der Boden war wieder weich genug für ein Grab, dem Frühjahr sei Dank.

Hans sah den Rotfuchs nicht, der sich im Gebüsch verbarg. Aber der Rotfuchs sah ihn und das Lamm.

Seit einiger Zeit schon stand die Uhr am Handgelenk des Vaters still: Das Glas war gebrochen, die Zeiger verbogen. Nagelneu war sie einmal gewesen. Nagelneu nannte der Vater alles, was er für teures Geld erworben hatte und niemals alt werden durfte: der gefütterte Mantel der Mutter, die Pfanne aus Gusseisen, der schwarze Anzug. Nagelneu blieb nagelneu für immer.

Nagelneu war auch das Radio gewesen, ihr kostbarster Besitz. Nur der Vater hatte es einschalten dürfen und es mit der Behutsamkeit eines Hohepriesters getan. Hans hatte danebengehockt und gesehen, wie das magische Auge sich geöffnet hatte. Stimmen hatten begonnen, aus der Ferne zu wispern, waren lauter und lauter geworden und endlich zu ihnen ins Zimmer gedrungen: ein Konzil der Unsichtbaren war zusammengetreten. Für Hans war auch das ein Wunder gewesen, jedes einzelne Mal.

Am liebsten hatte er die Fußballübertragung am Samstag gehört. Glaubst du, sie können gewinnen? Glaubst du, er macht wieder ein Tor? Auch Musik hatte er so gern gemocht: Er hatte gelauscht und den Kopf hin und her gewiegt. In den Nachrichten hatten sie den Sprecher einmal leise schnarchen hören, denn es hatte an diesem Tag nichts zu vermelden gegeben. Der Vater hatte das Radio ausgeschaltet, behutsam, um ihn ja nicht zu wecken, und ein Tuch darübergelegt.

Aber dann hatte einer der Unsichtbaren im Radio etwas gesagt, einen Satz oder auch nur ein Wort,

Hans wusste nicht, welches genau in dieser Kaskade von Wörtern, und der Vater war plötzlich vor Wut vom Stuhl aufgesprungen. Er hatte mit der Faust auf den Apparat geschlagen, der noch ein sterbendes Geräusch von sich gegeben, dann sein Auge wie ein verendendes Tier geschlossen hatte und für immer verstummt war.

Nagelneu und kaputt: So hatte das Radio bis zum Schluss auf der Truhe gestanden. Hans hatte, wenn er allein gewesen war, heimlich die Tasten gedrückt, doch es war stumm geblieben: kein Fußball am Samstag, keine Musik, nicht mal ein schlafender Sprecher.

Sie hatten es zurückgelassen im Zimmer am Ende des Flurs. Was war das bloß für ein Satz gewesen, was für ein Wort, das den Vater so wütend gemacht hatte? Und welche entsetzliche Zeit hatte die Uhr angezeigt, dass auch sie jetzt kaputt war, nagelneu und kaputt?

Die Knospen trieben aus, ganz wie es der Vater vorausgesagt und Hans es nicht hatte glauben können. Die Fische stiegen auf ins sonnige Wasser und erzählten sich lautlos die Geschichte des Winters: wie es gewesen war, nicht zu sein. Die Goldammer trug noch immer Grasbüschel zu ihrem Palast im Gehölz. Hans sah ihr nach und stellte sich vor, sie sei gar kein Vogel, sondern ein anderer Mensch, emporgestiegen auf eine höhere Stufe, leichter, glücklicher, frei.

Dann und wann fuhr ein milder Wind durch die zarten hellgrünen Blätter der Birken, als erinnerte die Insel sich für einen Augenblick doch voller Wehmut an vergangene Tage. Es war ein warmer April. Sie molken und schoren die Schafe, nur den Muttertieren ließen sie die Wolle. Sie machten Käse und spannen Wolle. Der Vater grub die Beete um, Hans und die Mutter säten Zwiebeln, Mangold und Möhren.

Manchmal freute sich Hans, ohne zu wissen, worauf. Er schaute eine Schwarzerle an und suchte die Stelle des Stamms, ab der sie zu schwanken begann. Er summte ein Lied, das es vorher nicht gegeben hatte, sammelte wieder Dinge im Wäldchen, doch diesmal für sich: die Schwungfeder einer Weihe, die abgelegte Puppe eines Glasflüglers, das linksgewundene Haus eines Schneckenkönigs, kostbarer als Geld, denn es gab nichts, was es wert war, es dafür einzutauschen. Ein Buschwindröschen, eine Primel.

Nicht mehr lang, dann würde er einen Schafbock bei den Hörnern packen und halten können, wenn der Vater ihm die Klauen schnitt. Dann wäre er groß.

Hans, der Starke.

Hans, der einen Schafbock bezwingt.

Hans, der König der Tiere.

Als der Vater das erste Huhn schlachtete und es über den Hof flatterte, schon ohne den Kopf, das Gespenst eines Huhns, kniff Hans die Augen zusammen, beim zweiten nicht mehr. Das dritte köpfte er selbst. Er trug es zur Mutter, die es mit siedendem Wasser begoss, damit das Gefieder sich löste. Dann rupfte sie es, nahm es aus und briet es. Ein Festmahl an einem Sonntag oder auch Montag, sie wussten es nicht, und es war auch nicht von Bedeutung.

In einer Nacht, zwei, vielleicht drei Wochen später, riss der Rotfuchs alle Hühner im Stall. Er ließ sie liegen, bis auf eines.

Der April wurde zum Mai, der Mai zum Juni. Höher, länger, stärker, stolzer zog die Sonne jetzt ihre Bahnen. Doch dann drehte der Wind auf Nordwest und blies von einer Stunde auf die andere Polarluft über Land und See. Die Schafskälte brach herein, ein heller, grüner, nasser Winter. Die Lämmer begriffen, dass sie den Launen ausgeliefert waren. Sie schmiegten sich frierend an ihre Mütter, die Hans und die Eltern wohlweislich nicht geschoren hatten. Duldsam verharrten sie im Regen, die Lämmer unter ihren Bäuchen. Dann, nach fünf, sechs Tagen, drehte der Wind wieder auf Südwest, als wüsste er, was Gnade ist, und hätte Lust, sie zu gewähren. Hans und die Eltern schoren jetzt auch die Muttertiere. Mit einem Mal ganz leicht, nackt und papieren standen sie unter einer neuen Sonne.

Der Kahn näherte sich vom Festland her, aus südlicher Richtung über den glatten, perlmutternen See. Der Vater und Hans hatten ein kräftiges Schaf von der Herde getrennt. Bull, der Mudi, hatte es bellend ans Ufer getrieben. Da wartete es am Pflock, am kurzen Strick, und blökte. Die Mutter hatte Wolle und Käse vom Schuppen gebracht. Vom Steg aus blickten sie dem Kahn entgegen, ein Stamm von drei halbwilden Menschen mit seinem Opfertier.

Der Schiffer legte an und sprang auf den Steg. Kappe, Drillich und Plauze waren noch immer dieselben. Er kaute auf einem feuchten, kalten Stumpen herum, sah kurz den Vater an, auch die Mutter und dann Hans ein bisschen länger, den Jungen, den armen, verwundert vielleicht, gerade ihn noch lebend vorzufinden.

Also gut, sagte er. Was habt ihr für mich?

Zehn Laibe Käse für zehn Säcke Weizen, reichlich Wolle für zwei Zentner Kartoffeln. Das Schaf war dem Schiffer Salz, Zucker, Honig, Konserven, Petroleum, ein Paar Stiefel und drei Krüge voll Sauerkraut wert. Er nahm es beim Strick und zog es an Bord. Es blökte verzweifelt und hohl.

Der Vater hatte einen Sack schon geschultert, da sprang der Schiffer noch einmal zurück auf den Steg.

Warte, rief er.

Was ist, sagte der Vater.

Schweiß rann ihm über die Stirn in die Augen.

Eine Taube landete zwischen den Männern und pickte hastig die Körner auf, die aus einem Loch im Sack gerieselt waren. Hans hatte versucht, sie zu zählen, und es dann doch lieber sein lassen. Die Hufe des Schafs kratzten über die Planken des Kahns. Es blökte und blökte in einem fort und hoffte noch immer auf eine andere Möglichkeit als diese.

Ich hab da noch was, sagte der Schiffer. Scheint wichtig zu sein.

Er langte in die Tasche des Drillichs und zog einen Umschlag heraus. Der Vater ließ den Sack auf den Steg fallen. Die Taube schreckte auf und flatterte hinaus auf den See. Der Vater zögerte.

Jetzt nimm schon, sagte der Schiffer. Ich muss wieder los.

Der Vater griff nach dem Umschlag. Darauf stand sein Name. Er las ihn zweimal, dreimal, wie den eines Fremden: Richard Roleder.

Als der Kahn nur noch ein Strich auf dem See war, riss er endlich die Lasche auf und entfaltete den Brief. Seine Lippen bewegten sich, als versuchten sie, fremde Laute zu bilden. Dann ließ er das Papier sinken, starrte aufs Wasser und ballte die Faust. Die Mutter trat zu ihm und nahm ihm den Brief aus der Hand. Dann las sie ihn laut: Hans Roleder hat sich am ersten September um halb acht Uhr morgens in der Volksschule einzufinden. Hochachtungsvoll.

Taubenfedern schwebten herab auf den See. Ein Falke entfernte sich schlingernd, mit Beute beladen. Er war der Sieger des Tages.

II.

Adamek, Eva?

Hier.

Berling, Ernst?

Hier.

Dressel, Peter?

Hier.

Fastnacht, Vera?

Hier.

Franke, Eduard?

Hier.

Heuermann, Margot?

Hier.
Jalke, Anton?
Hier.
Kaminski, Ulrike?
Hier.

Namen, lauter Namen. Auch Hans war jetzt wieder hier, in der verfluchten Schule, aber er würde es nicht aussprechen, nicht zugeben, denn erst dann wäre es wahr. Weißer Staub von Kreide tanzte im Lichtstrahl, der durchs Fenster ins Klassenzimmer fiel. Es roch nach Bohnerwachs, nach nassem Schwamm und nach Furcht.

Kreuzer, Joachim?
Hier.
Nagel, Manfred?

Auch das noch: der Manne. Selbst seine Stimme klang dick. Hier, mit dem Fettsack im Raum, wollte Hans ums Verrecken nicht sein. An der Wand hing eine große Karte des Landes: Der See war darauf nur ein hellblauer Fleck, verstrickt zwischen Straßen und Trassen wie Beifang im Netz. Daneben ein altes, ausgemergeltes Wiesel, ausgestopft, auf einem Ast. Lichtes Fell und gläserne Augen. Der Manne knetete die Faust schon unter dem Tisch. Hans glaubte, er müsse gleich kotzen.

Nussbaum, Ulrich?

Hier.

Oswald, Marianne?

Hier.

Palt, Karl-Georg?

Hier.

Kalle, bist du es? Der Freund saß vorn in der Mitte, aber drehte sich nicht zu Hans um. Auf der Insel wollte er ihn treffen, weit draußen im See, doch nicht hier. Dieser Ort ist kein gutes Versteck, dachte er, komm, Kalle, wir rennen. Hörst du mich nicht?

Reinhard, Annemarie?

Hier.

So ein Mist, dachte Hans, wenn es so weitergeht, fällt gleich mein Name. Und er war immer noch hier und ging zugrunde auf einem Stuhl. Jetzt spürte er die Kiesel in seiner Tasche: Deshalb also kam er nicht vom Fleck. Wie dumm er doch war. Feuchte Hände, rasendes Herz. In der Schule lernt man nur, wie man kotzt.

Roleder, Hans?

War das sein Name? Vielleicht hieß er auch anders. Und doch war er unleugbar hier, dritte Reihe, Zweiter von links, und wollte es im Leben nicht sein. Es war falsch, dass er auf diesem Stuhl saß, nicht auf dem Findling bei den Schafen. Sie mussten ihn verwechselt haben. War es noch möglich zu fliehen? Zur Tür war es weit, zum Fenster viel näher. Er könnte springen, dachte er, einfach durchs Glas, hinaus auf den Hof, dann rennen und rennen, mit Scherben im Fleisch. Die Stimme wurde jetzt lauter. Sie wurde bedrohlich.

Roleder, Hans?

Der Schulmeister, der die Namen verlas und sie abhakte zum Beleg ihres Daseins, hob jetzt seinen Kopf. Er zog die Nase kraus, rückte die Brille zurecht und spähte durchs Zimmer: siebzehn Blagen, eins davon taub oder stumm. Keine Antwort, kein Laut. Was fiel dem ein? Was nahm es sich raus? Über ihm saß das Wiesel, hungrig und tot.

Wo ist Roleder, Hans?

Die anderen begannen zu tuscheln, es klang wie heißes Fett in der Pfanne: Der Apfeldieb, der Abgehauene, der kleine Verpisser. Der Roledersohn. Hat sich davongemacht auf die Insel. Jetzt kommt er jeden Tag angepaddelt. Ist der dumm oder was? Ein paar zeigten mit dem Finger auf Hans. Der Schulmeister erhob sich, sechseinhalb Fuß hoch, langer Hals, lange Beine. Er strich den öligen Scheitel zurück und schritt wie eine elektrische Giraffe über die knarrenden Dielen auf Hans zu. Jetzt stand er vor ihm, dreizehn Fuß hoch.

Ich höre.

Hans sagte nichts. Er blickte nur auf die Platte des Tischs, in die andere vor ihm Zeichen geritzt hatten: Anfangsbuchstaben, zu peinlichen Liebschaften addiert, Gitter mit Kreuzen und Kreisen darin, drei gewinnt und zwei verliert, Striche, jeweils zu fünft, eine Zählung der Tage, die schon überstanden waren. Hans war nicht hier, er war der Schule doch entkommen, was war daran nicht zu verstehen? Zur Not war er noch nicht mal Hans. Der Schulmeister griff sein Ohr und zog ihn hoch von seinem Stuhl.

Roleder.

Hans hing jetzt am Arm des Schulmeisters wie der geschlachtete Hase an der Leine des Hauswarts, damals.

Hier, hörte Hans sich sagen.

Lauter, rief der Schulmeister. Ich hör dich nicht, Lorbass.

Hier.

Na, also. Geht doch.

Der Schulmeister ließ ihn los, Hans fiel zurück auf seinen Stuhl. Die anderen johlten. Vor dem Fenster, im rechten Winkel zweier Backsteinmauern, wirbelte ein welkes Buchenblatt im Kreis, wehrlos und schön.

Sauer, Hannelore?

Hier.

Teltow, Dietrich?

Hier.

Wunderbar. Vollzählig. Dann kann es ja losgehen.

In der Pause hielt Hans sich abseits an der Hecke, das Gesicht hinterm Kragen seiner Jacke verborgen. Er weinte vor Zorn auf den Schulmeister, die anderen Kinder und auch auf sich selbst. Er war schwach gewesen, so schwach, dass er sich jetzt bestrafen wollte. Er kniff sich in den Unterarm, sah die blasse Stelle auf der Haut, dann floss das Blut zurück, und alles war wie vorher. Er kniff sich noch einmal und noch einmal. Dann aß er einen Apfel. Er schmeckte nach dem Salz der Tränen und der Rotze.

Die Mädchen spielten Hopse: Sie warfen einen kleinen Stein voraus und hüpften ihm dann hinterher. Kalle stand daneben und sah zu. Seine dünnen Waden ragten aus der kurzen Hose, durch seinen Kopf polterten ein paar ernste, einfache Gedanken, die keinen

Ausweg fanden. Einmal winkte Hans ihm zu, so kurz, als wäre es verboten.

Kalle, komm, wir hauen ab.

Keine Antwort, keine Geste.

Ein Mädchen sprang über die Hölle in den Himmel. Hans wischte mit dem Ärmel den Rotz von seiner Nase und trocknete die Tränen. Niemand sollte ihn so sehen.

Dort drüben stand der Manne mit den Kumpels: Sie rauften, grölten und übten für den Kampf, der Hans den Garaus machen sollte. Sie grienten feist zu ihm herüber: Bald bist du fällig, Hänschen klein. Vielleicht morgen, vielleicht übermorgen. Sie waren die Wölfe dieses Schulhofs, der Teil der Wildnis, den es unbedingt zu meiden galt. Hans hatte Angst vor ihnen und sehnte doch den Tag herbei, an dem es so weit wäre. Dann müsste er nicht zur Schule gehen, könnte keinen Stift festhalten und wäre endlich nicht mehr hier.

Am Nachmittag ruderte er zurück zur Insel: Eine Stunde brauchte er, bei Gegenwind fast anderthalb. Fünf Jahre noch, hatte der Vater ihm gesagt, müsse er zur Schule gehen. Schafe, Kiesel und Blumen auf Tapeten kann man zählen. Aber Jahre? Zu viel Zeit vergeht, bis man weiterzählen kann, von eins auf zwei, von zwei auf drei. Merkt der See es, dachte Hans, wenn ich in ihn weine? Er ließ die Riemen los, hielt die Hände über Bord, schöpfte Wasser und wusch sich das Gesicht. Die ersten Graugänse, früh dran in jenem Herbst, zogen über ihn hinweg gen Süden und schrieben eine Nachricht in den Himmel: Alles Gute, armer Junge.

Noch ein paar Züge, dann war er zu Hause, in Sicherheit bis morgen früh. Bull, der Mudi, wartete beim Steg auf ihn.

Wie war es in der Schule, fragte die Mutter Hans beim Essen. Der Vater nippte stumm an einem Glas, das er schon leer getrunken hatte. Was er sich einfallen ließ, um nicht zu sprechen: Er war ein Meister des Schweigens.

Es geht, sagte Hans.

War Kalle da, dein Freund?

Kann sein.

Er nahm drei Löffel Suppe und war satt. Das alte Wandbild hing ihm gegenüber: zwei Fischer und ein Wels. Es schien ihm jetzt, als würden sie ihn endlich fangen. Er war geliefert, es war um ihn geschehen. Hans gefiel das Bild so gar nicht mehr.

Er ging zum Stall hinaus und zählte zweimal alle Schafe durch. Erst kam er auf vierundzwanzig, dann auf fünfundzwanzig. Eines hatte sich wie zum Spiel versteckt. Als es dann doch hinterm Gatter hervorsprang, lachte es ihn aus.

Der große Wal singt immer noch sein allzu hohes Lied, und immer noch hört es kein anderer. Zwei namenlose

Inseln sind die Scheitelpunkte seiner Reise, die nicht enden will. Und er weiß noch nicht einmal, was Inseln sind.

Sie sind vom Wasser ganz umschlossen, doch niemals überflutet. Ohne sie kann es kein Festland geben. Seeleute sagen, eine Insel müsse man in vier Wochen umrunden können, sonst sei sie ein Kontinent.

Die kleinste ist kaum größer als ein Küchengarten hinterm Haus. Landet ein Schwarm Möwen auf ihr, ist sie überfüllt. Eine Insel ist sie nur, weil jemand, der es nicht genau nahm, sie einmal so bezeichnet hat. So steht sie heute in den Karten, ein Punkt im weiten Meer. Ein unbemannter Leuchtturm steht auf ihrem nackten Stein, sonst nichts.

Die nördlichste Insel liegt am vorvorletzten Breitengrad, die südlichste im Schelfeis. Die ältesten sind vor neunzig Millionen Jahren entstanden, als die Landmasse zerbrach, verstreute Scherben eines Urzustands. Die jüngste eben gerade: Ein Vulkan hat sie ins Meer gespien. Sie dampft und ist noch flüssig.

Es gibt alte Inseln, es gibt junge, große, kleine, bewohnte und verwaiste, bekannte und verborgene, wahre und erfundene, Archipele und Inseln, die keine Nachbarinseln haben. Inseln in Ozeanen, Inseln in Flüssen und Inseln auf Seen. Inseln auf Seen auf Inseln auf Seen, Inseln auf Seen auf Inseln auf Seen auf Inseln auf Seen und Inseln auf Seen auf Inseln auf Seen auf Inseln auf Seen auf Inseln auf Seen auf Inseln auf Seen.

Doch für Hans gab es nur die eine, seine Insel, und jeden Morgen wurde er jetzt von ihr vertrieben. Er steckte die Bücher in den Ranzen, eine Stulle und den Hühnergott, den er am Strand gefunden hatte. Er wollte Kalle eine kleine Freude machen. Dann brach er auf zum Festland.

Ein Hecht stand matt im Schilf, der See war wärmer als die Luft, Nebel schwebte überm Wasser wie die Decke über einem Träumenden. Hans warf die Kiesel über Bord, damit er etwas leichter würde. Nur den Hühnergott behielt er.

Bis weit hinaus roch es nach Birnen, die überreif in den Bäumen auf der Insel hingen, dann nach Algen, dann nach Stadt, nach Müll, nach Rauch, nach Asphalt und Plackerei. An der Reede lauerten Katzen auf den Fischabfall. Hans legte an und lief zur Schule.

Das Lesen fiel ihm noch immer schwer, das Schreiben auch. Er drückte Tinte ins Papier, die Feder bog sich krumm: Kleckse überall. Seine Zunge lugte aus dem Mund, ein kleiner roter Wimpel. Im Rechnen war er besser.

In der Pause setzte Kalle sich zu ihm. Sein linkes Knie war aufgeschlagen, Schotter klebte in der nassen Wunde.

Was ist passiert?

Der Manne hat mich hingeschubst.

So ein Scheißkerl.

Sie aßen schweigend ihre Stullen. Zwanzig kleine Finger mit blassen Monden in den Nägeln. Spatzen balgten in der Hecke hinter ihnen und schreckten plötzlich auf: erst einer, dann die anderen, aufgescheucht vom ersten. Sie drehten eine Runde überm Hof und landeten dann wieder, als wäre nichts geschehen. Und so war es ja: Sie hatten, was geschehen war, vergessen. Ein Segen, Spatz zu sein.

Ich hab dem Manne nichts getan, sagte Kalle.

Dem werden wir es zeigen, sagte Hans.

Lieber nicht.

Glaub mir, eines Tages.

Ja, vielleicht. Mal sehen.

Hier, sagte Hans und gab Kalle das Geschenk, den Hühnergott. Der ist für dich. Bringt vielleicht Glück.

Danke. Kann ich gut gebrauchen.

Dann war es mit einem Mal zehn Uhr geworden, trotz allem, und es klingelte zur Stunde. Sie schreckten auf, erst Kalle und dann Hans, aber sie vergaßen nicht, warum, im Gegensatz zu den Spatzen in der Hecke.

In der Bucht sammelte sich das Laub zu einer Flotte, die in den Herbst aufbrechen wollte. Die Sonne schien vermeintlich gütig. Da fiel es Hans gleich noch leichter zu verzweifeln.

Als die Zeit der Apfelernte kam und die Eltern mosteten, als drei Schafe Moderhinke hatten und der Vater ihre schlimmen Klauen schnitt, war er nicht da, um mitzuhelfen. Er saß in der Schule auf dem Stuhl, dritte Reihe, Zweiter von links.

Sie sollten Rechnen üben. Als das Ergebnis richtig war, kamen sie der Wahrheit so nah wie nie zuvor und nie danach. Aber das ahnten sie nicht mal. Sie waren nur erleichtert, dass der Schulmeister sie nicht tadelte.

Sie sollten Wörter schreiben. Wer nämlich mit H schreibt, ist dämlich. Sei nicht dumm und merk dir bloß: Namenwörter schreibt man groß. Trenne nie st, denn es tut den beiden weh. Ein Junge weigerte sich, Zug zu schreiben, weil er glaubte, das Wort sei so lang wie das Ding selbst, und er würde niemals damit fertig. Oh, wie lachten die anderen ihn aus. Wie schämte er sich seiner Dummheit.

Sie sollten Bäume malen. Der Schulmeister ging gemessen auf und ab, die Dielen knarrten, der Atem pfiff durch seine enge Nase. Jetzt stand er hinter einem Jungen und äugte auf sein Blatt herab.

Jalke, was soll das denn sein?

Ein Baum, noch nicht ganz fertig, aber bald.

Das ist kein Baum. Das ist Gekrakel. Los, noch mal von vorn.

Er schritt weiter durch die Reihen. Gut so, sagte er. Dann: Das nennst du Baum? Und: Geht doch, Dressel, geht doch. Er machte tsss und pfff. Das kannst du besser.

Hans malte ein Bild mit allen Farben aus dem Kasten: Einen Baum mit roten Äpfeln, brauner Rinde, grünes Gras darunter, weiße Schafe, darüber blauen Himmel und die gelbe Sonne. Er malte auch die Eltern: Sie saßen auf der Bank vorm Haus, er selbst daneben, Bull, der Mudi, lag zu ihren Füßen, alle vier mit lächelnden Gesichtern. Dann nahm er einen schwarzen Stift und schwärzte alles auf dem Bild: den Baum, die Äpfel, das Gras, die Schafe, die Bank, die Eltern, den Mudi, sich selbst, den Himmel, alles, die Sonne, alles.

Der Schulmeister kam und rief: Was zum Teufel machst du da? Lass das sofort bleiben.

Hans aber sagte: Es ist Nacht geworden.

Und es blieb Nacht für immer auf dem Bild, von dem niemand weiß, wo es sich jetzt befindet.

In der Pause bekam Hans endlich auf die Fresse. Der Manne hielt es einfach nicht mehr aus, er platzte.

Denkst wohl, du bist Künstler, sagte er.

Nein, sagte Hans, warum?

Er bekam keine Antwort mehr, nur einen Schlag

in den Magen, so weich für Mannes Faust. Hans stürzte hart zu Boden. Der Manne warf sich auf ihn: Er hörte ihn jetzt grunzen, ganz nah an seinem Ohr, roch seinen Atem, Mettwurst, Speichel, fauler Zahn. Die anderen standen dicht im Kreis um sie herum und brüllten: Manne, Manne, Manne. Schläge, Schläge, noch mehr Schläge. Der Manne schwitzte, sabberte und keuchte. Ein letzter Schlag mit letzter Kraft. Dann rappelte er sich auf und spuckte Hans von oben ins Gesicht. Inseljunge. Schafhirt. Fischkopf. Zwerg.

Hans lag auf dem Rücken und sah die Wolken über sich in jede Richtung ziehen, sieben dunkle Sonnen und die Schatten von Figuren. Sie blickten auf ihn wie Totengräber auf den Sarg, kalt und schadenfroh.

Als es zur Stunde klingelte, entfernte sich einer nach dem anderen. Zuletzt ging der Schatten eines kleinen Jungen fort und ließ ihn liegen.

Kalle, rief Hans noch. Kalle?

Er rappelte sich auf. Das Blut war schon braun auf seinem Hemd. Sein schönes Hemd, sein bestes. Die Mutter würde mit ihm schimpfen. Er ging allein den Flur entlang zur Klasse. In der Vitrine hinter Glas, neben Flussperlmuscheln, Kristallen und den Federn eines Eichelhähers, war ein roter Backstein ausgestellt. Auf dem Täfelchen darunter stand etwas geschrieben. Die Schrift war schön und alt: Dieser Backstein stammt von der im sechzehnten Jahrhundert verschwundenen Kirche, war darauf zu lesen. Hans dachte lange nach, sein Kopf tat weh und jeder einzelne Gedanke. Was war das sechzehnte Jahrhundert? Wie viele gab es überhaupt? Wie verschwindet eine ganze Kirche? Wenn sie es kann, kann ich es vielleicht auch.

Um fünf, lang bevor die Sonne aufgehen würde, begann die Vogeluhr zu laufen. Noch im Dunkel sang der Hausrotschwanz, er weckte Singdrossel und Amsel, sie weckten Hans. Er stieg in sein Boot, als er den Zilpzalp hörte, und stieß sich ab vom Ufer. Er ruderte, doch diesmal nicht zum Festland: Er änderte den Kurs in Richtung Bucht. Hier wollte er den Tag verbringen und nicht nur diesen einen. Ich geh nicht mehr zur Schule, dachte er. Die können mich alle mal.

Nebel stieg vom See empor und zog davon in blassen Schwaden. Hans schob das Boot ins Schilf und setzte sich auf einen langen Ast, der übers Wasser ragte. Hier saß er jetzt, vor sich einen langen, leeren Tag, der ihm allein gehörte. Vielleicht war es sein letzter.

Er riss die Seiten aus dem Heft, darauf sein kläglicher Versuch zu schreiben, faltete Schiffchen aus ihnen, taufte sie und schob sie sacht hinaus, eines nach dem anderen. Eins, zwei, drei, vier, fünf, zehn und zwanzig, bald war das Heft leer und die Bucht schon voller

Schiffchen. Auf einem saß der Manne, auf dem nächsten der Schulmeister, dann alle anderen, die er hasste. Sie schaukelten, kenterten, versanken.

Eine Böe kam heran, das Wasser wurde kraus, dann war die Böe bei Hans, strich ihm durch sein Haar und war schon wieder fort. Die Blätter in den Bäumen rauschten mit Verspätung. Hans nahm alles wahr. Eine Ameise erklomm jetzt seine Schulter, versprengte, kühne Heldin eines Trupps. Er ließ sie ruhig gewähren. In der Ferne sah er eine weiße Fähre auf dem See und winkte ihr. Er fütterte die Enten mit der Rinde seiner Stulle, legte Kiesel auf den Steinkalender, acht auf einmal oder zehn. Dann machte er ein Schläfchen. Einmal besuchte ihn der Mudi.

Pssst, machte Hans, niemand darf uns finden.

Keine Angst, entgegnete der Hund, ich sag kein Sterbenswort.

So verbrachte Hans eine Woche in der Bucht. Sein Leben dehnte sich aus wie das der Fliege in der Stube. Der Steinkalender wuchs, eine Pyramide namenloser Tage. Gern stand Hans bis zu den Knien im Wasser und beobachtete die funkelnden Karauschen.

An einem Abend aber, kurz vor sieben, er saß mit den Eltern vor den Graupen, schlug mit einem Mal der Mudi an. Die Mutter und der Vater horchten auf. Hans blickte auf den Teller vor sich. Dann klopfte jemand dreimal an die Tür des Hauses, weit draußen auf dem See.

Hirta, eine Insel in den Äußeren Hebriden, ein Fels aus Gabbro und Granit, war seit der Eisenzeit bewohnt. Ein Grüppchen von Männern, Frauen, Kindern lebte auf und von ihr: Sie fingen Eissturmvögel, die in den Klippen nisteten, aßen ihr Fleisch und ihre Eier, machten aus dem Ambra Lampenöl und aus den Federn Kleidung. Man nannte sie die Vogelmenschen. Ihre Hütten duckten sich vor der Wut der winterlichen Stürme. Es gab auf Hirta kein Krankenhaus und keine Kirche.

Die Vogelmenschen waren glücklich, weil sie kein Unglück kannten, nur Eissturmvögel, Federn, Fleisch und Eier, das Licht der Lampen in den Hütten, das Meer, das grundlos hoffnungsvolle Blau des Himmels und darunter ihre kleine Insel, verborgen hinter einer Wand aus Wettern: Hirta. Kein Vogelmensch kämpfte je in einem Krieg, keiner beging je ein Verbrechen.

Doch dann ließ die Krone sie alle von der Insel holen: Das sei kein Leben dort, so hieß es knapp. Ein Schiff kam und brachte sie zum Festland. Auf den Tischen ihrer leeren Hütten hatten sie zum Abschied Bibeln offen ausgelegt: Und siehe, stand zu lesen, ich bin mit dir und will dich behüten, wo du hinziehst, und will dich wieder herbringen in dies Land.

Als Hirta am Heck des Schiffs verschwand, ja als es schien, dass sie im Meer versinke, begannen sie zu weinen. Die Linie der Vogelmenschen erlosch für immer. Hirta ist seit damals unbewohnt.

Hans hörte Bull, den Mudi, noch lang hinter sich am Ufer bellen: mutig und doch ängstlich, wie nur Hunde es sein können, fragend und wissend zugleich. Er rannte auf und ab, scheute vor dem See zurück, verzweifelt suchend nach einem Weg über das Wasser zu seinem Hans.

Der aber entfernte sich mit jedem Zug der Ruder ein Stück weiter. Er drehte sich noch einmal um zur Insel: Da waren nur mehr Schatten vor den dunklen Weiden. Der Vater sah ihm hinterher, dem von jetzt an verlorenen Sohn. Die Mutter schlug die Hände vors Gesicht: Es bringe Unglück, glaubte sie, einem Fortgehenden nachzublicken. Dann wandte sich auch der Vater ab, und beide standen linkisch da, von einem Bein aufs andere tretend, furchtsam und ergeben wie Bauern, über deren Feldern ein Gewitter tobt.

Hans schaute das Wasser an und dann den Himmel über ihm, an dem schon der Hundsstern aufgegangen war. Doch wie sollten sie ihn trösten? Den Schulmeister sah er nicht, er spürte ihn: Er saß auf der Bank gleich neben ihm mit geradem, langem Rücken, der Kapitän auf diesem Geisterschiff, den großen, schweren Mantel über seinen Schultern.

Die leeren Ärmel, dachte Hans, sind sein dritter und sein vierter Arm. Er packt mich, wenn ich auch nur zucke.

Der Schulmeister pfiff ein Lied, er war frohen Mutes: Hans war seine Beute. An den Riemen saß ein Mann in Uniform. Er trieb stur das Boot zum Festland und keuchte im Dunkel vor sich hin.

Schneller, rief der Schulmeister, schneller.

Dann pfiff er wieder: La Paloma.

Wohin würden sie Hans bringen? Was stand ihm bloß bevor? Und was zum Teufel war die Burg? Dieser Ausdruck war gefallen in der kurzen Unterredung des Schulmeisters mit den Eltern, so auch die Wörter Besserung, Tugend, Zucht und nur zu seinem Besten. Alles um Hans her und in seinem Innern wurde schwarz. Es war ein Schlund, in den sie fuhren.

In der Mitte des Sees, dort, wo er am tiefsten ist und gleich weit entfernt von allen Ufern, kam Hans ein Gedanke, einem Wetterleuchten gleich, und schoss sofort vom Kopf in seine Glieder: Er sprang auf und wollte sich ins Wasser stürzen, schwimmen, tauchen, fort von hier, nur entkommen, ganz gleich, wie. Ein Ruck ging durch das Boot, es schwankte, der Mann am Ruder brüllte: Scheiße. Selbst zu ersaufen kam Hans jetzt wie die Rettung vor.

Doch schon hatte der Schulmeister ihn gepackt mit einem seiner vielen Arme, hielt ihn fest und zog ihn an sich.

Aber, aber, sagte er gütig. Mach keinen Fehler, Junge. Dann stutzte er und sagte: Was haben wir denn da? Er griff Hans in die Tasche und zog das Messer hervor, das Geschenk des Vaters.

Das brauchst du jetzt nicht mehr.

Er legte Hans den Mantel um, aus Liebe des Jägers zu seiner Beute. Hans gab auf. Er schluchzte.

Ist gut, ist gut. Es ist alles nur zu deinem Besten.

Die Ruderblätter glitten durch das Wasser im gleichen, gnadenlosen Takt wie zuvor, und weiter zog das Boot ins Dunkel, tief und tiefer in den Schlund.

Sie legten an der Reede an und zwangen Hans in einen Wagen, der dort stand. Er saß hinten, neben ihm der Schulmeister. Sie fuhren durch die Stadt, durch leere Gassen unter flackernden Laternen.

Bald ließen sie die Stadt zurück, sie wurde lichter, lückenhafter, franste aus in Reihen verfallender Fabriken, in Brachen und Ruinen, lauter Ausgrabungen der Zukunft, über die Archäologen sich einmal beugen und sich fragen würden: Was mag hier bloß geschehen sein? Was hat diese Stadt zu Fall gebracht?

Sie fuhren über Land und durchquerten Dorf um Dorf. Eine Nacht ging in die andere über, so schien es Hans, ohne einen Tag dazwischen. Wie tief war dieser Schlund?

Er sah noch einen Fluss, der fluoreszierend aus dem Nichts kam und in einem anderen Nichts verschwand. Dann schlief er ein, an der Schulter seines Jägers.

Hans, der Verlorene.

Hans, der Schwache.

Hans, der sich nicht mal mehr ertränken kann.

Bull, der Mudi, bellte noch sehr lang am Ufer. Er bellte bis zum nächsten Morgen und zum übernächsten. Dann kam der Vater mit dem Gürtel in der Hand und verdrosch ihn, weinend.

III.

Stillgewässer, Krähenbeere, Sauergras. Vereinzelt standen Birken da wie hagere Propheten. Eine Schnepfe hing im Netz, kraftlos und bis ins Mark entmutigt, hin und wieder doch noch zappelnd, weil sie nicht anders konnte: Selbst im Angesicht des Todes blieb sie eine Schnepfe. Dann enttarnte sich der Vogelfänger. Er warf sein Laubnetz ab, kam mit nassen Schritten auf den armen Vogel zu, der ein letztes Mal noch zappelte, und drehte ihm die Gurgel um. Er horchte in die Stille, voller Angst um seine eigene Gurgel. Torfmoos wuchs in einem fort. Ein alter Knüppeldamm lag im feuchten

Untergrund, Verbindung zweier Siedlungen, die es seit zweitausend Jahren nicht mehr gab. Im trüben Graben trieb ein totes Kalb.

Die Burg war ein großer roter Klotz, den ein kolossales Kind einst hatte fallen lassen, als ihm die Lust an seinem Spiel vergangen war. Sie lag jetzt inmitten dieser Ödnis: ein Ziegelbau mit kleinen Fenstern, durch die kaum ein Lichtstrahl drang. Hohe Mauern, Stacheldraht und Dornenhecken drumherum: ein Knast für Jungen, die gebessert werden sollten. Jungen wie Hans Roleder, elf Jahre alt, der nicht zur Schule gehen, sondern frei sein wollte. Der König seiner Insel, hier war er Untertan. Seine Zukunft war wie eine Vase, die herunterfiel: noch nicht zerbrochen, nicht mehr heil.

Der Morgen graute, als der Wagen vor die Burg rollte. Der Pförtner kam aus seinem Verschlag geschlurft und öffnete missmutig das Tor. Die nächste Lieferung: schon wieder einer, der nicht richtig tickte. Mitleid hatte der Pförtner nicht mehr übrig, es war seit Jahren aufgebraucht. Als er das Tor wieder verschloss, einen Kaffee trank und rauchte, hatte er Hans bereits vergessen.

Der Schulmeister stieg jetzt aus dem Wagen und streckte seine langen Glieder. Auch er hatte auf der langen Fahrt geschlafen, sogar recht gut. Es war ein schöner Morgen, fand er. Herrlich, dieses frühe Licht.

Na, komm. Sieh es dir an, dein neues Heim.

Hans kroch von der Rückbank. Er sah Mauern, Stacheldraht und Dornenhecken, die Gitter vor den Fenstern, keinen Ausweg, nirgends.

Hier wohnst du jetzt. Hier wirst du lernen, was es heißt, ein guter Mensch zu sein, sagte der Schulmeister und lächelte.

Klein stand Hans am Fuß der breiten Eingangstreppe. Er hatte Heimweh, Hunger, Durst und Angst, aber all das wollte er sich abgewöhnen, noch bevor er durch die Tür der Burg trat.

Die schrille Klingel riss die Jungen aus dem Schlaf, aus ihrer Ohnmacht. Die Fenster flogen auf: Dunkelheit entwich wie hundert Raben. Getrappel Dutzender Füße. Männerstimmen hallten durch die Flure. Aufstehen. Los jetzt. Zackig. Mach hin, du Faulpelz. Von hinten schob der Schulmeister Hans die Treppe hoch: Beeilung.

Beim Appell standen dreißig Jungen in der hohen, kahlen Halle, eben von den Toten auferstanden, die Gesichter grau wie kalte Asche. Die Haare kurz, die Ohren groß. Nur das Salz des getrockneten Schweißes, das Muster auf die Rücken ihrer Hemden gezeichnet hatte, eine Maserung der Qualen, unterschied den einen von dem anderen, den Außenseiter von den Außenseitern.

Noch beinah schlafend wankten sie dem Tag entgegen. Sie stützten einander mit den Schultern, eng beisammen, aber nicht um den Nebenmann zu halten, sondern nur um selbst nicht umzufallen. Einer hoffte, dass er bald für immer schlafen dürfte. Einer hoffte, dass der Torf endlich zur Neige ginge, den sie täglich stechen mussten. Einer hoffte, dass es endlich Brot zur Suppe gäbe und nicht schon wieder keines. Einer hoffte, dass sein Laken bis zum Abend trocknen würde. Einer hoffte, dass ein anderer die Strafe heute auf sich zöge. Einer hoffte nichts, als dass die Hoffnung endlich ihre blöde Schnauze hielte.

Und das ist Hans, sagte der Direktor.

Er sprach mit hoher, rauer Stimme, es klang wie Draht, der gegen einen Balken schnarrt. Seine Augen waren ausgeschnitten aus einer Zeitung voller schlechter Nachrichten.

Hans ist ein Schwänzer und ein Tagedieb, rief er in die Halle. Wir heißen ihn willkommen. Ihr wisst: Platanen muss man stutzen, damit sie wachsen können. Sei dankbar, Hans, dass du bei uns sein darfst, in diesem wunderbaren Haus.

Nach dem Frühstück, einer Kelle Brei, der wie Kitt in seiner Schüssel klebte, wurden Hans die Haare kurz geschoren. Er sah nun nicht mehr aus wie Hans, der Junge von der Insel. Er sah aus wie alle anderen hier.

Jeden Morgen zogen sie ins Moor, bewacht von einem halben Dutzend Aufsehern. Der Direktor ritt hinterdrein, hoch auf seinem Friesenpferd, überheblich und erhaben. Die Gerte, die er hielt, galt nicht nur dem Tier.

Hans hörte das gelegentliche Schnauben hinter sich, das müde Schlagen des Schweifs, wenn das Pferd die Bremsen zu vertreiben suchte, das Quatschen seiner eigenen Schritte auf dem nassen Grund und eine Krähe, die sie alle hänselte, mal in den Birken irgendwo, mal über ihren Köpfen, immer unsichtbar.

Hans, einer von vielen.

Hans, Knecht unter Knechten.

Hans, der nicht mehr Hans ist.

Um acht kamen die Jungen zu der dunklen Wandung, einer Wunde in der Landschaft. Tausend Jahre braucht das Moor für einen Meter Torf. Sie stachen ihn in einem Herbst. Auf einen Spaten passten dreißig Pfund, auf eine Karre neunzig. Nasse Ziegel, schwer wie Speck, die erst zum Trocknen ausgebreitet, dann zu Kegeltürmen aufgeschichtet wurden. Bald würden sie in Öfen lodern, heiß und kurz: der Winterbrand, die Kohle armer Leute.

Der Direktor saß im Sattel, ein lächerlicher Feldherr, und erspähte den geringsten Fehler. Einmal stürzte einer hin und ließ die Ziegel fallen. Sie zerbrachen dumpf und jäh. Die Gerte sang ihr kurzes Lied, der Schrei des Jungen erstarb in seinem Ärmel. Es war ein einfaches Gesetz, das Hans sogleich verstand: Wer auffällt, wird gezüchtigt.

Er dachte jetzt daran, wie er den Mist aus dem Stall gekarrt hatte, damals auf der Insel, mit einer Kraft, die unerschöpflich schien, und äugte heimlich um sich her, zu den anderen Jungen, wie sie stachen, schleppten, stöhnten, schoben. Hans, das hatte er begriffen, durfte nicht zu schnell sein, nicht zu langsam und ja nicht aus der Reihe tanzen. Er musste jeder und zugleich niemand sein.

In der tiefsten Schicht stieß Hans auf eine Birke, die vor tausend Jahren umgefallen war, und dachte: Die wird ein rotes schönes Feuer geben. Das wird die Leute wärmen. Oder war die Birke schon zu viel des Guten? Er legte sie beiseite und stach weiter schnöden Torf.

Die Larven von Bremsen verpuppen sich für Jahre. Dann schlüpfen sie und leben nur vier schwüle Wochen lang, in denen sie um den Schweif eines Pferdes kreisen müssen. Sie kennen gar kein anderes Dasein, die Jungen schon.

Zum Abendessen gab es dünne Suppe, Brot dazu nur selten. Um acht war Zapfenstreich, auf einen Schlag erloschen alle Lichter. Im Schlafsaal neben Hans wimmerte der Bettnässer auf seinem gelben Laken.

Sei endlich still, zischte einer aus dem Dunkel. Verdammter Pisser.

Der Junge hörte auf zu wimmern. Hans lag da und lauschte: nichts als die tosende Stille in dreißig kleinen, schweren Köpfen, nichts als der Lärm ihrer allmählich sich Bahn brechenden Träume. Hier noch wach zu sein und es zu bleiben, in dieser schwarzen Stunde, brauchte Heldenmut.

Dann begrub die Nacht sie alle unter sich.

Der Winter kam. Doch es schneite nicht, es fror nicht mal, es schwand nur das letzte bisschen Leben aus der Gegend. Braun wurde zu Grau. Der Wind fand nichts mehr, was sich noch bewegen ließ, bloß Ödnis, Leere, Stillgewässer. Der Torf brannte in den Öfen, wurde rasch zu Rauch und dann zu nichts.

Durch die grauen Tage hallten Schüsse. Ein Birkhuhn fiel vom Ast und wusste nicht, warum. Ein Setter holte es ein und brachte es dem Schützen. Der band es kopfüber an den Rucksack und schlich nach Hause, vorsichtig und furchtsam, denn es kam vor, das wusste er sehr wohl, dass ein Mann sich unversehens selbst erschlug, wenn es im Moor früh dunkel wurde.

Die Jungen ernteten den Torf, der jetzt getrocknet war. Jeder nahm sich einen Weidenkorb, belud ihn mit den Ballen und schleppte ihn zum Karren. Die Ochsen standen da und warteten.

Ein Junge rammte einen langen Ast in den weichen und doch zähen Boden und hängte einen Kupferkessel daran auf. Er schöpfte Wasser aus dem Graben, machte ein Feuer mit dem Reisig, das er aufgeklaubt hatte, hastig wie ein Plünderer, und kochte dünnen Kaffee für die anderen. Sie setzen sich im Kreis, pusteten in ihre Becher, tranken, aßen, forschten nach einem tröstlichen Gedanken, fanden keinen. Dann ging die Arbeit weiter.

Sechs Karren hatten sie beladen, als ein alter Fuhrmann kam. Er gab dem Direktor Geld, der leckte sich den Daumen, zählte es einmal und dann noch mal. Die Ochsen latschten, vom alten Fuhrmann wortlos angetrieben, in die eine Leere fort, die Jungen in die andere. Es wurde sehr bald Abend.

Für Hoffnung gilt das Gleiche wie für Süßes: Zu viel davon ist schlecht für Jungen. Im Dezember schoben sie die Stunden wie Leichenwagen vor sich her. Sie flochten Körbe, schrubbten Böden und Latrinen.

Wenn du denkst, es geht nicht mehr, sagte einer.

Und ein anderer fuhr fort: Kommt von irgendwo ein Scheißdreck her.

Sie lachten auf. Für einen Augenblick nur waren

sie die Kinder, die sie waren. Dann pressten sie sogleich die Hände auf die Münder, denn Gelächter war in der Burg bei Strafe nicht erlaubt.

Sie schrieben Weihnachtsbriefe an die Eltern, wenn sie noch welche hatten. Die Waisen schrieben keine. Es geht euch gut, vergesst das nicht, rief der Direktor. Oder wollt ihr, dass sich eure Mütter Sorgen machen? Er prüfte alle Briefe und ließ sie von den Jungen korrigieren.

Ihre Päckchen nahm er in Beschlag: Er las die Karten, grinste, warf sie weg und fraß die Nüsse und die Äpfel. War eins geplündert, griff er zum nächsten: Jetzt war Bescherung nur für ihn, der schönste Tag des Jahres.

Es geht mir gut, schrieb Hans an seine Eltern.

Wie geht es Euch? Wie geht es Bull?
Frohes Fest.
Bis bald und viele Grüße.
Euer Hans.

Doch wann war bald? Was war Liebe? Wer war Hans?

In der kurzen Freizeit vor dem Schlafengehen baute er die Insel nach. Heimlich hatte er gesammelt, was er dafür brauchte. In ein Stück Torf steckte er zehn Zweige: Das war das Wäldchen. Eine leere Streichholzschachtel, die ein Aufseher achtlos fortgeworfen hatte, war das Haus, ein Fruchtbecher der Buche war der Stall, ein kleiner Stein der Findling. Ein paar lose Daunen aus dem Kissen waren Schafe, und zwei Finger, mit denen er behutsam durch das Wäldchen strich, der Mudi und er selbst: Hans, der Inselkönig. Leise pfeifend strich er so umher und trieb die Schafe in den Stall, dann erloschen wieder alle Lichter. Die kleine Insel, die er in seinem Schränkchen aufbewahrte, leuchtete im Dunkel.

Ein Jahr, das zurückliegt, ist kürzer als ein Tag, der niemals kommen wird. Wann, dachte Hans, ist diese Quälerei vorbei?

Ein Frühjahr kam, das ein Winter am Ende seiner Kräfte war. Die Tage wurden wieder länger, wie Wege, wenn einer feststellt, dass er sich verlaufen hat. Die Jungen stutzten Bäume und Sträucher, sie jäteten den Giersch, der, kaum gejätet, hinter ihnen wieder wuchs. Sie pflanzten Rüben, Bohnen und Kartoffeln, mit den Knien tief im Beet wie Büßende.

Ein Sommer kam und mit ihm sieben Sonnen überm Moor, die alles gilbten und versengten. Die Jungen zogen einen Zaun für ein paar Ziegen und wohl auch für sich selbst. Sie schwitzten. Sonnenbrand auf ihren Armen, Nasen, Nacken. Die Haut löste sich in weißen Fetzen ab.

Das ist Arbeit für einen, sagte einer, der seine Eltern erschlagen hat.

Ich wünschte, ich hätte, sagte ein anderer.

Das Wasser, das sie aus den Pullen tranken, schmeckte modrig. Der letzte Schluck war der schlimmste, der erste auch und alle anderen dazwischen. Hans drosch mit dem schweren Hammer auf den Pfosten ein. Schon zwanzig hatte er gesetzt. Dann hielt er plötzlich inne: Ihm stand der Sinn danach, sich auszuruhen, die sieben Sonnen zu betrachten, sich zu seiner wahren Größe aufzurichten, für den Augenblick und eine Ewigkeit, das Gesicht der Hitze zugewandt, die ihn so schön benommen machte.

Du, brüllte der Direktor, schon nach seiner Gerte tastend. Zurück an die Arbeit, faules Aas.

Hans, flüsterte der Bettnässer, der zu seinen Füßen kauerte und mit beiden Händen den Pfosten hielt. Mach keinen Scheiß jetzt, duck dich.

Was war bloß in Hans gefahren? Nichts als er selbst. Er konnte es nicht lassen, stand jetzt aufrecht wie ein Denkmal: der Junge, der die sieben Sonnen liebte.

An die Arbeit, sage ich.

Hans, in Deckung. Bitte. Der erschlägt dich.

Soll er doch.

Der Direktor, gekränkt und zugleich lüstern, sprang von seinem Friesenpferd. Er war nicht mehr erhaben, er war jetzt klein, ein dicker Gnom. Er stolperte, fiel hin zum heimlichen Gespött der Jungen. Sie bissen in die Kragen ihrer Hemden, um nicht loszuprusten, manche quiekten wie die Ferkel. Der Direktor wollte alle strafen. Doch er stieß nur Hans zu Boden, holte mit der Gerte aus und peitschte, peitschte wie von Sinnen. Die Jungen zuckten im Rhythmus seiner Hiebe.

Weiter, sagte Hans.

Durch die Finger vorm Gesicht sah er die sieben Sonnen immer noch. Er sah keine Wolke und drei Krähen, die sich für Geier hielten. Wie in seinen alten bunten Heften schwebten sie hoch über ihm, gierig, doch geduldig.

Weiter. Weiter.

Dass warmes Blut nach Eisen schmeckt, das wusste Hans schon vorher. Es rann von der Stirn auf seine Lippen.

Hans, der Verwundete.

Hans, der Unverwundbare.

Hans, der unter Hieben lächelt.

Nach seiner Zählung waren es jetzt siebenundzwanzig Hiebe gewesen. Der Direktor blickte ratlos seine Gerte an: War sie verwunschen? Was ging hier vor? Er hieb noch einmal auf Hans ein. Achtundzwanzig. Dann erst ließ er die Gerte sinken.

Zwei Wochen lang saß Hans im Karzer. Er pulte am Schorf der Wunden, obwohl er wusste, dass er es nicht tun sollte: Er mochte den juckenden Schmerz. In den ersten Tagen sah er die sieben Sonnen weiterscheinen, wenn er die Augen schloss, dann nur noch fünf, bald drei und schließlich keine mehr.

Es ist Nacht geworden, dachte er.

Als er zurückkam zu den anderen, fand er sein Schränkchen leer: Die kleine Insel war gefunden und beschlagnahmt worden.

Am Ende eines Julis stand das Moor in Flammen. Vielleicht war der Blitz in eine Fichte eingeschlagen, vielleicht eine Scherbe zum Brennglas geworden. Vielleicht hatte ein Stallbursche seine Kippe in das Stroh des Buchweizens geschnippt. Dem Moor war einerlei, warum es brannte, zuerst das Moos, dann Wollgras, Pfeifengras und Adlerfarn, dann die Heide, zuletzt die Büsche und die Birken, Fackeln gleich. Nur der immer nasse Fieberklee blieb noch verschont: Grün und trotzig stand er inmitten des Infernos.

Die Bauern saßen in den Kneipen, tranken Schlehengeist und prahlten, tranken mehr und zankten sich. Dann rochen sie den Rauch, der durch alle Ritzen drang. Sie sprangen auf, warfen ihre Stühle um, torkelten hinaus und sahen schon in Flammen, was sie ihre Scholle nannten, das Moor, die Ödnis: Alles war jetzt Feuer. Sie waren plötzlich nüchtern. Hastig trieben sie die Rinder von den Weiden. Der Torf, ihr Brennstoff für den Winter, war verloren: Auf die Hitze würde Kälte folgen. Ein Reh, am Tümpel eingeschlossen, floh immerzu im Kreis. Schwarz zog der Rauch über die Fläche, zog weiter übers Land und bis in die nächste Stadt hinein. Die jungen Damen keuchten in die Taschentücher. Der Große Brand, so steht es heute in den Büchern.

Die Burg war die Hölle in der Hölle. In der Ferne rieb der Türmer sich die Hände an den Glockenseilen wund und läutete und läutete. Dort vorne brannte schon die Scheune. Die Jungen packten ihre Sachen, bereit zu rennen, wenn das Feuer auf die Burg ausgreifen würde.

Der Direktor aber wusste nicht, wohin mit ihnen. Er schloss es aus, sie freizulassen. Dafür waren sie, bei aller Liebe, noch nicht gut genug erzogen. Er selbst war im Begriff zu fliehen. Doch wer würde bei den Jungen bleiben? Die Aufseher hatten Reißaus genommen, nur zwei besoffen sich im feuchten Keller. Wie einer, der nicht mehr weiß, ob er die Kerzen ausgeblasen hat, stand der Direktor jetzt schwankend in der Tür. Hat er, hat er nicht? Erst wenn das Haus in Flammen steht, sieht der Zerstreute, dass die Kerzen wirklich brennen. Ein paar Jungen kratzten Wörter fürs Gebet zusammen. Hilf uns, bitte. Bitte.

Dann fiel endlich Regen. Er ließ ein schwarzes Land zurück. Die Asche dampfte tagelang. Bis in den August hinein schwelte noch die Glut in ihren Nestern, in der Nacht sah man sie glimmen. Ein verkohlter Baum stand da im Nirgendwo, einem Flurkreuz gleich mit unsichtbarer Inschrift: Alles geht vorüber und auch du.

Ein Herbst kam, ein ausgelaugter Sommer. Zwei Jungen wagten einen Fluchtversuch im Schutz der Abenddämmerung, der kein Schutz war, nur eine andere, verlockende Gefahr: Auf dem Rückweg von der Wandung scherten sie aus der Kolonne und sprangen seitwärts in die Gagelsträucher. Sie harrten aus, bis sie kein Geräusch mehr hörten, nur noch das Pochen ihrer Herzen, die ihnen vor Wildheit aus der Brust zu bersten drohten. Dann endete ihr Pakt so plötzlich, wie sie ihn geschlossen hatten: Sie rannten in diese und in jene Richtung, kein anderes Ziel im Kopf als fort von hier.

Der eine kam von selbst zurück, nach drei Tagen, abgezehrt und irre: Hexen habe er gesehen, sagte er, tanzend, da beim Erlenhain. Er warf sich dem Pförtner in die Arme, sank dahin und verschwand im Karzer für vier Wochen.

Den anderen fanden sie im Graben wie das Kalb. Er hieß Alfred und war dreizehn.

Mach doch den Alfred, sagten die Aufseher jetzt immer dann, wenn ein Junge nicht mehr konnte, wenn er zusammenbrach und nach seiner lieben Mutter rief. Dann grölten sie vor Lachen, diese Branntweinbullen.

Ein anderes Frühjahr kam, das wieder nur ein Winter am Ende seiner Kräfte war. Die Jungen schnitten, stutzten, jäteten, sie pflanzten, und sie büßten bis zum Gehtnichtmehr. Die Vögel in den Ästen sangen nicht, sie schrien nur nach Futter und nach Liebe, vor Angst und um anderen Vögeln Angst zu machen. Schön und tröstlich klang es nur für die, die noch dachten, dass sie sängen: für die Neuen in der Burg. Hans gehörte inzwischen zu den Alten.

Nachts machte je ein Aufseher den Rundgang, riss die Tür zum Schlafsaal auf und schwang die Lampe über die Betten und Gesichter, die blässlich aus den Decken lugten. Die Jungen hielten den Atem an. Kein Friedhof war je stiller. Das Licht verschwand, dann wimmerte der Junge wieder auf dem nassen gelben Laken.

Halt die Schnauze, sagte einer. Oder willst du, dass ich sie dir stopfe?

Sie schliefen nicht, sie zogen gegen ihre Müdigkeit zu Felde. Wie das Moor wurden auch die Träume braun, dann grau.

Doch Hans konnte, was sonst niemand konnte: Wenn er die Augen schloss, dann sah er Farben, die es im Moor nicht gab. Dann nahm er wieder alles wahr. Die Insel, er vergaß sie nicht, sie wurde immer schöner. Er sah die Sonne in den Blättern funkeln, er selbst rücklings auf der Wiese. Ist es nicht seltsam, dachte er: Wenn die Sonne einmal stirbt, bleibt es noch eine Weile warm, bis auch der letzte Strahl versiegt. Dann erst wird es kalt, dann erst stirbt alles andere, selbst die Wüsten. Er sah das Glitzern auf dem Wasser in der Nacht bei Vollmond. Er wusste auch noch, wie Harz am Stamm der Tanne roch. Die Gräser nach dem Regen, die Malven und die Margeriten. Er hörte den Buchfink in der Morgendämmerung, das Bellen seines treuen Mudis Bull, den Chor der Schafe. Den gleitend ruhigen Puls der Wellen. Das Horn der weißen Fähre in der Ferne. Dann schlief er endlich ein.

Als sie an einem Samstag die Betten frisch bezogen und jeder einen Stapel Wäsche kriegte, gab Hans ein Laken heimlich an den Jungen weiter, der nachts im Dunkel wimmerte.

Hier hast du was zum Wechseln, sagte er. Muss keiner wissen.

Der Junge sah ihn an, ergriffen und erschüttert, dann lächelte er plötzlich, matt zwar, aber er lächelte. Es war das erste Mal seit Langem, dass Hans ein Lächeln sah.

Danke, sagte der Junge.

Am Rand des Moores lag der Elendspohl: Ein flacher Teich, der bei Regen trocken fiel, bei Dürre aber voller Wasser war. Niemand wusste, wie es kam. Bauern tränkten ihre Rinder dort, Kinder planschten freudig, Greise kühlten ihre Gicht. Sie pilgerten zum Elendspohl, weil sie sein Wasser brauchten und an ein Wunder glauben wollten. Das war auch Hans: ein Wunder. Er zerbrach nicht, und niemand wusste, wie es kam.

Auf der Insel, weit entfernt von allem, wurde das Morgen unmerklich zum Heute, dann zum Gestern und speicherte sich selbst in all den kalten Steinen. Wellen schlugen an das Ufer, niemand hörte, niemand zählte sie. Der Vater schor, die Mutter mostete, sie schwiegen. In den Mumien der Kirschen überwinterte der Schimmelpilz, die Ernte würde dürftig sein. Bull, der alte Mudi, suchte Hans noch immer.

Der war jetzt beinah achtzehn Jahre alt, schlank wie ein Spaten, groß gewachsen. Er hatte starke Arme, starke Hände und das Gesicht eines Halunken: Über seine Stirn ging eine Narbe, vom Scheitel bis zur rechten Braue, Spur der Gerte des Direktors. Seit einer Prügelei fehlten ihm überdies zwei Zähne. Worum es gegangen war, war ihm entfallen. Ein Wort hatte das andere gegeben. Er wusste nur: Er hatte den anderen besiegt, zum ersten Mal in seinem Leben. Auf seine Makel war er stolz: Sie unterschieden ihn von allen anderen.

Hans, der Gezeichnete.

Hans, der Vernarbte.

Hans, der Unverwechselbare.

Dann kam er doch, der letzte Tag in einer endlos langen Reihe: Hans durfte das Moor verlassen.

Pack deine Sachen, sagte ein Aufseher am Morgen. Du kannst gehen.

Die Klingel schrillte. Um sie herum stoben die Jungen, knöpften im Laufen ihre Jacken zu und stürzten hinunter zum Appell. Hans tat nichts, er blieb nur stehen, wo er war. Der Aufseher konnte es nicht fassen.

Bist du taub. Zieh Leine.

Neue Jungen waren durch die schwere Tür hineingegangen, andere hinaus, doch nicht, weil der Direktor sie für gute Menschen hielt: Sie waren bloß zu alt für dieses Haus. Er ließ sie widerwillig ziehen, bevor sein Werk vollendet war. So auch Hans.

Raus hier, bevor ich es mir anders überlege.

Ist gut. Ich geh ja schon.

Er besaß nur, was er am Körper trug: das Hemd, die Hose und die Schuhe. Kein Buch, kein Bild, nichts Eigenes. Er brauchte nichts zu packen.

Dann bist du also frei, sagte jetzt der Junge, der nachts so oft gewimmert hatte, der Junge mit dem nassen gelben Laken. Er saß auf einem Hocker, blass und schmächtig seit jeher, und sprach, als hielte er den Atem an. Er hieß Gustav. Er war einmal ein Junge gewesen, der Eichhörnchen mit der Zwille aus dem Baum geschossen hatte, und doch von solcher Herzlichkeit, dass er in seinem Dorf sogar die Hunde gegrüßt hatte. Jetzt war er nur noch der Bettnässer.

Du bald auch, sagte Hans, und beide wussten, dass er nicht die Wahrheit sagte. Halt durch.

Ich werd mein Bestes geben.

Lauf schnell runter zu den anderen. Sonst gibt es Ärger.

Kurz standen sie einander gegenüber, wie Freunde, die sie hätten seien können, anderswo. Vor den Fenstern färbte sich der Himmel rot, die Sonne stieg allmählich. Noch ging der Mond ein paar Minuten eher auf als sie, mit schmaler Sichel. Morgenletzt: So nennt ein Astronom die Tage vor dem Neumond, bevor er ganz verschwindet.

IV.

Hans ging hinaus. Er sah die schwere Tür sich schließen. Er hörte den Schotter unter seinen Füßen knirschen. Der Pförtner kam aus dem Verschlag geschlurft.

Hier, sagte er, das ist wohl deins. Er gab Hans das alte, nagelneue Messer wieder. Mach keinen Scheiß damit. Hans sah es an, als lebte es.

Danke, sagte er.

Der Pförtner öffnete das Tor. Hans fragte nach dem Weg nach Hause.

Das ist weit, sagte der Pförtner und wies grob in

Richtung Süden. Acht Tage wirst du brauchen, wenn nicht zehn.

Macht nichts, sagte Hans.

Er pflückte einen Grashalm, steckte ihn dorthin, wo ihm die Zähne fehlten, und lief los.

Er lief, verlief sich und lief weiter. Siedlungen umging er. Nur einen alten Mann, der in der Hitze Hafer senste, allein auf dem weiten, knisternden Feld, fragte er, ob er die Richtung kenne.

Nein, mein Junge, sagte der. Ich war nie weg von hier.

Alles Gute, sagte Hans.

Sein Taschentuch trug er als Sonnenschutz, vier Knoten an den Ecken. Er pflückte Birnen, trank aus Bächen und pennte nachts auf Wiesen. Kinder fanden seinen Abdruck, den Umriss eines Schlafenden im hohen Gras, und rätselten: ein Vagabund, ein Ausbrecher, ein Trunkenbold vom Schützenfest? Ein Gespenst womöglich? Hinterlassen Gespenster denn Abdrücke im Gras? Wie schwer sind eigentlich Gespenster?

Hans lief durch Hutewälder aus alten, weisen Buchen. Die Eckern und die jungen Triebe hatten die Schweine aufgefressen, die einst zur Mast hierhergetrieben worden waren. Er lief über Trampelpfade, von tausend Füßen in die Böden eingeschrieben, und über Alleen, die ein Kaiser hatte pflanzen lassen, damit seine Armeen im Schatten marschieren konnten. Doch Kaiser und Armeen gingen unter, bevor die Bäume hoch genug gewachsen waren. Er lief durch Hohlwege: In Hunderten von Jahren hatten Hufeisen, Klauenplatten und Wagenräder den Löss zermahlen, der Regen hatte ihn davongespült: So ging Hans jetzt fünf Meter unter der Erde, wie in einer Schlucht. Das gefiel ihm.

Er rastete unter einer Steppenkirsche, den Rücken auf der kühlen Vogelmiere. Er betrachtete sein Messer, klappte es auf und zu und dann wieder auf. Er strich über den Griff und die Klinge und stach sacht in die Luft. Am fernen und doch nahen Mittagshimmel kreisten wieder Krähen über ihm, die sich für Geier hielten. Er nahm sie als Gesellschaft hin und grüßte sie von unten. Er lief weiter, über Felder, Bäche, Hügel, durch Gefilde und Gelände, sah Schlote in der Ferne rauchen und große Bagger, die sich in die Flöze fraßen. Er sah Kühe auf den Weiden stehen. Sie sahen ihn und sahen ihn doch nicht.

Einmal traf er einen Tippelbruder, einen noch nicht alten, im Gesicht doch schon gegerbten Mann, der barfuß ging, mit Leinensack über der Schulter. Er kam Hans freundlich vor.

Sie liefen eine Weile miteinander. Die flirrende Luft am Ende des Wegs: Sie war für heute ihr Ziel, das sie doch nie erreichten.

Das tut gut, sagte der Tippelbruder, wenn er aus seiner Flasche trank.

Das tut gut, sagte er, wenn er seine Füße in den Pfützen kühlte.

Das tut gut, war beinah alles, was er sagte. Hans tat gut, dass es so war.

Auch als sie sich unter einen alten Ahorn legten, dösten oder schauten, sagte er: Das tut gut. Aber dann sagte er auch noch: Wenn ich ein Tier wäre, wäre ich am liebsten ein Baum. Hans überlegte, was das heißen mochte.

Sie liefen weiter, im versetzten Takt ihrer Schritte. Hin und wieder hielt der Tippelbruder inne, schnupperte am gelben Steinklee und an einer wilden Möhre. Dann sah er einem Distelfalter nach, der in den leeren blauen Himmel torkelte. Hans blieb stehen und wartete auf ihn.

Abends schlugen sie am Waldsaum ihr karges Lager auf, unter den breiten Kronen der Eschen, die ganz außen standen. Sie bliesen den Rauch der Zigarette, die sie sich teilten, ins schwindende Licht, das rot wurde, violett, purpurn und sogar ein wenig grün. Beide dachten an jemanden, den sie einmal gekannt hatten. Aber die Gedanken wurden dünner wie der Rauch und verschwanden schließlich wie die Sonne.

Abends machten sie ein Feuer, um die Nacht besser zu sehen, ein helleres Schwarz. Der Tippelbruder briet zwei Igel, die er für sie gefangen hatte. Dürre Äste knackten in den Flammen. Im Unterholz des dunklen

Waldes hinter ihnen trat der letzte Wisent dieser Gegend seufzend auf der Stelle.

Und, fragte der Tippelbruder.

Muss, sagte Hans. Und selber?

Muss auch. Wohin gehst du?

Nach Hause.

Ist es schön da?

Sehr. Und du?

Ach. Hab ich vergessen.

Sie lachten, nicht weil das Gesagte lustig war, sondern seltsam schön. Dann legten sie sich in ihre Mulden, eine Jacke und den Leinensack als Kissen unter ihren Köpfen, und betrachteten hinter schweren Lidern noch eine Weile das Feuer, das allmählich kleiner wurde und dann erlosch. Er werde jetzt, sagte der Tippelbruder schließlich, einige Erinnerungen verblassen lassen. Sie lachten noch mal leise. Dann schlief er ein und bald auch Hans.

Sie trennten sich am nächsten Tag. Hans ging weiter Richtung Süden. Am Morgen war die Sonne links, am Abend rechts und mittags in der Mitte. Er rastete im Schatten einer Buche, döste, und er lauschte: Der Wind, der Wind im Gras, sein Herz in ihm, die Bienen in den Blüten.

Am neunten Tag kam Hans zurück in die Stadt. Reglos und doch wachsam standen zwei Wolken hoch über den Dächern, als gäben sie acht, dass heute kein Unglück geschehe.

Er lief durch die Gassen, bekannt und doch so fremd, an der Kirche vorüber, deren Turmuhr um sieben Jahre nachging, an der Kastanie, die dürstend dastand mit schüttgelben, beinah braunen Blättern. Bald würden Männer mit Äxten und Sägen kommen, um sie zu fällen. Der Auftrag stand schon in den Büchern. Ahnte die Kastanie wohl, dass ihre Zeit gekommen war?

Hans passierte das Pfarrhaus, vor dem sie einmal die fette Katze geneckt hatten, Matthias und er. Das Fenster zur Küche war offen wie damals, aber die Katze war immer noch tot, hinten und auch vorne. Er lief an den geheimen Ecken vorüber, in denen Kalle und er ihre Schätze vergraben hatten oder nicht. So geheim waren diese Ecken gewesen, dass selbst er sich nicht mehr an sie erinnern konnte. Hatten sie damals nicht Karten gezeichnet? Besaß Kalle sie noch? War er allein hierhergekommen und hatte die Schätze nur für sich geborgen? War er jetzt reich, oder was? Wo war er jetzt bloß?

Die Häuser, so schien es, hielten ihre Bewohner kaum mehr aus. Als wollten sie kapitulieren, wehten weiße Laken hier und da auf den Balkonen. Ein Auto fuhr durch die Gassen, aus alter Gewohnheit.

Hans sah drei Hunde durch die Schatten der Straßenbäume streunen. Er machte einen Schritt auf sie zu, sie sahen ihn misstrauisch an, noch immer bereit, zu fliehen oder Hans in die Flucht zu schlagen. Dann, auf ein Zeichen hin, das sie einander lautlos gaben, näherten sie sich ihm, in der Hoffnung auf Futter. Sie taten ganz lieb.

Ich hab nichts für euch, sagte er.

Den Zutraulichsten, der vielleicht nur der Dümmste war, streichelte er eine Weile, bis auch seine Hoffnung auf Futter erlosch. Die drei streunten weiter. War sein Leben das geworden, fragte sich Hans, was er sich einmal erträumt hatte, unter den zweihundertsechzig und der einen Blume auf der Tapete?

Er lief an den blätternden Fassaden vorüber, die die alten Farbschichten preisgaben, muschelweiß, bleiweiß und grau. Er lief durch das Viertel. Hier, über die Mauer der Tischlerei, hatte Klaus, der Sohn des Besitzers, wann immer er zu verlieren geglaubt hatte, den Ball geworfen und das Spiel für beendet erklärt.

Hier, im Jugendhaus, dessen Tür und Fenster jetzt verbrettert waren, hatte Hans im Tapferen Schneiderlein den ersten Riesen gespielt, obwohl er doch so klein gewesen war. Die Mutter hatte zugeschaut und hinterher gesagt: Nicht schlecht. Es war ihr größtes Lob gewesen.

Und hier an der Ecke war der Pferdeschlachter gewesen. Hans hatte jedes Mal, wenn er daran vorbeigekommen war, mit dem Gedanken gespielt, die armen Mähren vom Zaun loszubinden, mit ihnen davonzureiten, er selbst auf dem Rücken des Schecken, wie die Komantschen in seinen drei bunten Heften, der Freiheit entgegen, die hinter dem Stadtrand, jenseits der Fabriken und Brachen, ja schließlich irgendwo liegen musste. Wie kann etwas eine Erinnerung sein, das niemals geschehen ist?

Hier hatte sich dies ereignet, dort jenes. Hier hatte dieser gewohnt, dort jener. Hans nannte sie in Gedanken alle beim Spitznamen, als wären sie Kinder geblieben. Die Stadt war nur mehr Kulisse eines uralten Films.

Hans ging zu dem Haus, das er und die Eltern verlassen hatten. Es kam ihm jetzt klein vor, geschrumpft durch den Fluch der voranschreitenden Zeit. Das Husten der Hauswartsfrau war verstummt. Hans stellte sich noch einmal vor, sie wäre erstickt. Aber noch immer gurrte die Taube in der Linde vorm Haus. Und noch immer brach ihr tumbes Lied ganz plötzlich ab. War es dieselbe wie damals? Wie alt werden eigentlich Tauben?

Hans blickte hinauf: Dort oben hatte er so gern gesessen und auf die Wiese unter sich geschaut, auf der am Morgen zuvor die Amsel mit eiliger Umsicht den Wurm aus dem Loch gezerrt hatte. Dort oben hatte er in jener Nacht gelegen, als der Vater heimgekommen war mit dem Rauch, dem Schweiß und der Kälte im Mantel.

Wir müssen hier weg, hatte er gesagt.

Wohin sollen wir denn gehen, hatte die Mutter gefragt.

Hans hatte sich schlafend gestellt, bis er selbst daran geglaubt hatte. Was er nicht alles gekonnt hatte, damals als Kind. Er erinnerte sich daran und staunte nicht schlecht.

Auf die Insel, hatte der Vater gesagt.

Bist du verrückt, hatte die Mutter entgegnet.

So stand Hans vor dem Haus, das noch immer und doch nicht mehr da war, als ein Mann den Weg entlanggezuckelt kam, mit kleinen Schritten in kleinen Schuhen. Er trug ein Netz Kartoffeln in der einen, einen Sack Kohlen in der anderen Hand. Nicht ganz an der Tür angelangt, ließ er seine Last einfach fallen, als wäre in seinem Innern das Federwerk durchgelaufen und müsste erst wieder aufgezogen werden. Für den Augenblick war er am Ende. Er griff sich ans Herz, rieb sich den Rücken und ächzte. Sein Gesicht war rot, zugleich aber blassgrau, sein Mund nur noch ein Schlitz. Er malmte auf den Wörtern herum, käute sie wieder, dann spuckte er sie auf den Gehsteig vors Haus.

Was gibt es zu glotzen?

Er erkannte Hans nicht, aber Hans sofort seine Stimme. Er hatte sie schon lang nicht mehr gehört und doch oft genug: Sie war tausendmal durch die Wand hinter der Tapete gedrungen, durch die verwelkten Blumen, bei Tag und bei Nacht. Jetzt stand der Nachbar von damals allein auf dem Gehsteig, ohne die Frau, und suchte immer noch Streit.

Guten Tag, sagte Hans. Kann ich helfen?

Trag mir die Kohlen hoch, sagte der Mann, wenn du unbedingt willst. Aber wehe, du klaust.

Hans nahm wortlos den Sack, auch das Netz und trug beides die Treppe hinauf. Hinter ihm zog sich der Mann mühsam am Geländer empor, Stufe für Stufe, immer wieder rastend, schnaufend und schimpfend. Hans stellte ihm die Last auf die Matte und wartete.

An der Tür gegenüber stand kein Name mehr, nicht seiner, nicht der der Witwe.

Ist die Wohnung da leer, fragte Hans, als der Mann auf dem Absatz erschien.

Die alte Krähe ist tot, sagte der Mann, noch außer Atem.

War sie allein, fragte Hans.

Ach, da waren mal welche. Aber die sind dann verschwunden.

Was soll das heißen: verschwunden?

Die Eltern waren nicht ganz richtig im Kopf. Aber der Junge.

Der Junge?

Aus dem wär was geworden. Schade um ihn.

Hans wollte jetzt gehen und konnte doch nicht. Er wollte mehr wissen und wusste nicht, was. So stand er auf dem Absatz zwischen den Türen.

Was ist noch, sagte der Mann.

Der Gestank seines Schweißes biss in der Nase. Hans zog sich zurück. Auf dem Gehsteig, er hatte das Haus jetzt im Rücken, rannte ein kleines Mädchen an ihm vorüber zu einer Tür nebenan.

Erster, rief es und ergriff hastig die Klinke.

Doch da waren keine anderen Kinder, die in diesem Wettlauf Zweiter oder Dritter hätten werden können. Und die Tür war auch noch verschlossen. Das Mädchen musste auf seine Mutter warten, denn nur sie hatte den Schlüssel zum Haus.

Gegen Mittag schlug Hans sich durch das Dickicht der Böschung und sah das Blau des Wassers. Vor ihm lag der See, sieben Jahre älter.

Was sind sieben Jahre in der Ewigkeit der Insel? Ihr war es gleich: das Los des Jungen, der jetzt ein Mann geworden war, sein Verschwinden, seine Wiederkehr, was indes geschehen war und alles andere auch.

Sie war noch dort, wo sie immer schon gewesen war, ihr Antlitz von Weiden und Wurzeln verborgen. Sie erwartete Hans und erwartete ihn nicht. Die Zeit war über sie hinweggegangen, Lämmer waren auf ihr zur Welt gekommen, alte Bäume umgestürzt und neue gewachsen, sich von den alten nährend. Der See war zugefroren und wieder aufgetaut, siebenmal.

Jetzt stand die Sonne im Zenit. Es wurde wärmer. Hans zog die Schuhe aus, krempelte die Hosenbeine hoch und kühlte seine geschundenen Füße im Wasser des Sees. Ein Schwarm von Gründlingen stob erschrocken auseinander und fand bald doch wieder zusammen, ganz nah an seinen Waden.

Wie dumm ihr seid, dachte Hans und lächelte. So dumm wie ich.

Waren die Eltern noch da draußen? Wenn nicht, wer fütterte die Schafe? Wer schor und molk sie? Wer karrte den Mist weg? Ein paar Briefe hatte Hans geschrieben, ein paar bekommen und bald dann keine mehr. Von den vielen Grüßen war nicht einer übrig. Hatte er noch Eltern? Waren sie fortgezogen? Oder tot? Kinder bleiben Kinder, solang die Eltern noch am Leben sind. Was sind sie danach?

Die Kiefern sahen jünger aus als damals, an jenem kalten Wintertag, da sie hier auf den Kahn gewartet hatten, der Vater, die Mutter und Hans, in einem anderen, unerreichbar fernen Leben. Jetzt standen sie da in hellem, sattem Grün. Der Sand war gelb und weich. Hans nahm einen Stein, warf ihn auf den See hinaus und zählte die Sekunden. Der Stein fiel ins Wasser, als er bei der Sieben angelangt war. Er konnte besser werfen als der Vater, dachte er, höher und viel weiter.

Was wusste Hans jetzt über Inseln? Was über die Welt? Er wusste, dass Suppe allein nicht den Hunger vernichtet. Dass nasser Torf schwer ist und trockener leicht. Dass Gerten Wunden schlagen können, die nur langsam verheilen. Dass ein Mann, der auf einem Pferd reitet, größer ist als ein Junge, der daneben laufen muss. Er wusste, dass die Stille im Schlafsaal eine andere ist, wenn auch nur ein Junge noch wach ist. Dass man hören kann, ob er mit offenen Augen daliegt. Dass fröhliche Graugänse im Wasser Purzelbäume schlagen, aber traurige nicht. Er wusste, dass er vor manchen Gefahren nicht fliehen konnte, nur warten, bis sie vorüber waren. Und dass er nicht einfach verschwinden konnte wie eine Kirche im sechzehnten Jahrhundert, das wusste er auch.

Der Stein sank auf den Grund, hinab zu den anderen. Konzentrische Kreise erschienen, dehnten sich aus und brachen lautlos am Ufer. Hans fand sie immer noch schön.

Wo hört die Suche auf, wo beginnt die Heimkehr? Hans befand sich an der Schwelle. Er blickte hinaus auf den See und sah in der verschwimmenden Ferne die Insel. Prachtvoll lag sie da im Licht des späten August, ein Malachit, seine Insel, sein Königreich: Amerika. Er weinte vor Erschöpfung, Freude und Wut. Er weinte, weil er weinte. Dann wusch er sich das Gesicht im See.

Die Spuren der Tränen im Staub auf seinen Wangen waren fort, die Narbe blieb.

Wo hört das Leihen auf, wo beginnt das Stehlen? Stahl Hans das Boot denn, wenn er es doch zurückbringen würde und nur noch nicht wusste, wann? So dringend wie er würde es schon niemand brauchen. Oder doch? Weit und breit war kein Fischer zu sehen. Sechs Schwarzkopfmöwen standen an der Reede, geduldig wie Sargträger vor der Kapelle. Ein Mastiff schlief, den Kopf schwer auf aufgerollten Tauen. Hans nahm sich das Boot und legte ab. Der Hund blickte auf, legte seine Stirn in Falten, befand es für nicht wichtig und schlief weiter. Auch die Möwen sahen keinen Grund davonzufliegen. Sie blieben sitzen, ein Schwarm unbeteiligter Zeugen.

Sieben Jahre war Hans nicht mehr gerudert, hatte nicht das Festland sich entfernen und nicht die Häuser kleiner werden sehen, mit jedem Zug ein Stück. Seine Arme waren stark, viel stärker noch als damals. Das Boot glitt rasch dahin, er spürte schon die Insel hinter sich. Sie sah ihn kommen, einen Punkt auf dem Wasser, der groß und größer wurde, und sie sah ihn doch nicht.

Bull, der greise Mudi, siebzig Hundejahre alt, richtete die Nase aus und witterte. Er stutzte, schaute, schnupperte, stutzte wieder und schlug dann an. Er hatte gelernt, jeden anzukläffen, der sich der Insel näherte: arglose Ausflügler, die nur an ihrem Ufer rasten wollten, Liebespaare, Liebeskranke, die hier Zuflucht suchten, den Pastor, der es einmal im Jahr wagte, vom Festland überzusetzen, einen erbaulichen Psalm bei sich hatte und ihn unversehens wieder mitnahm. Betend und fluchend ruderte er zurück nach Hause. Selbst den Schiffer, der den Nachschub brachte, kläffte Bull an. Und jetzt auch Hans, den fremden und doch vertrauten Hans.

Der Mudi stutzte wieder: Diesen Geruch kannte er von früher. War es etwa der Junge? Sein Freund? Wie konnte das bloß sein? Wie lang war das her? Was weiß ein Hund von der Zeit? Was denkt er wohl, was fühlt er? Nicht viel, doch umso klarer. Er ist immer ehrlich, zum Lügen viel zu schlicht.

Jetzt rappelte er sich auf und humpelte zum Ufer, vom Haus die Böschung bis zum Steg hinab, stürzte fast und kläffte noch ein letztes Mal, fragend auf den See hinaus: Bist du es, Junge?

Hans hörte ihn, den unvergesslichen Gefährten, und ruderte schneller, als er eigentlich vermochte. Ich komm nach Hause, dachte er, ich komm nach Hause. Er dachte es so laut, dass er es sagte.

Hans, der König im Exil.

Hans, der endlich heimkehrt.

Hans, der das Zepter wieder an sich reißen will.

Der See wurde seichter, klarer, heller. Schon sah Hans den weißen Sand auf seinem Grund, vereinzelt Steine. Im flachen Wasser des Ufers sprang er über Bord und rannte, bis zur Hüfte noch im See, dem treuen Bull entgegen. Der wusste längst, dass es Hans war, der da kam. Er fiepte jetzt vor lauter Glück und jaulte: Du bist es, lieber Mensch, der mich gefüttert hat. Er warf sich Hans in die Arme und leckte ihm das Kinn, die Wangen, Stirn und Narbe.

Über ihnen, dem glücklichen Hund und dem glücklichen Jungen, auf halber Höhe der Böschung, hinter einer Weide, stand ein Mann und beobachtete sie schweigend. In der Hand hielt er eine Axt. Zögernd nur ließ er sie sinken.

Hans erschrak: Er sah den Mann dort oben auf der Böschung stehen: War es der Vater? Warum kam er dann nicht, um ihn zu begrüßen? Wo war die Mutter bloß?

Der Bart des Manns war grau, verfilzt und reichte bis zum Brustbein. Das Hemd, die Hose: zerschlissen und in Fetzen. Auf seinem Kopf saß ein schwarzer Hut mit breiter Krempe, die sein Gesicht verbarg. Ein Schrat, ein Alb, ein Wilder. Oder doch der Vater?

Die Axt lag schwer in seiner Hand. Der Mudi

trollte sich: Ein Stück abseits legte er sich hin und tat, als ruhte er sich aus.

Der Vater, dachte Hans, hat gar keinen Hut besessen. Oder doch?

Guten Tag, sagte er jetzt. Es klang wie eine Frage.

Wie ist dein Name?

Hans.

Der Mann, der sein Vater sein mochte oder nicht, sah ihn an wie einen Falschen. Seine Augen lauerten tief in ihren Höhlen, zwei dunkle, argwöhnische Fische.

Hans und weiter?

Roleder. Ich bin Richards Sohn.

Der Mann sagte nichts. Wie ein Wächter stand er oben auf der Böschung. Gab es eine Losung, die Hans jetzt hätte sagen sollen, um Zutritt zu erlangen? Was erwartete der Mann von ihm? Er zeigte seine leeren Hände.

Ich habe hier gelebt.

Muss lang her sein.

Sieben Jahre.

Wie fremd werden Väter mit der Zeit? Wie schnell wachsen Kinder? Und wie schnell Weiden? Eben waren sie noch so, jetzt sind sie so. Eine Weide, dachte Hans, wäre er jetzt gern, für immer hier, auf seiner Insel.

Wind kam auf, überlegte es sich anders und flaute wieder ab. Bull blickte hin und her und winselte: Es war sein größter Wunsch, dass die Männer sich vertrügen. Doch das geschah nicht.

Hans kniff die Augen zu, um die Tränen nicht herauszulassen, die sich in ihm stauten. Heiß und bitter rannen sie nach innen. Seine Kehle wurde eng und schmerzte, eine unsichtbare Schlinge würgte ihn. Er öffnete die Augen wieder. Es brannte, was er sah: den Mann, die Axt, die ihm verschlossene Insel.

Wo ist Mutter, fragte er.

Der Mann zuckte mit den Schultern, als wäre die Mutter nur ein Schaf gewesen, ausgerissen, abgeschrieben, wenn nicht weniger als das: eine dünne graue Wolke, davongeweht an irgendeinem Nachmittag. Er schien zu lächeln unter seiner schwarzen breiten Krempe, stolz darauf, es nicht zu wissen. Hans rang nach Luft. Der Mudi kläffte leidend auf, halb Wolf, halb Mensch: ein Hund.

Halt die Schnauze, schrie der Mann jetzt, du verfluchte Töle.

Er hob die Axt an. Der Mudi begrub die Schnauze unter seinen Pfoten. Hans hörte Trommelschläge, erst von fern, dann ganz nah an seinem Ohr: Sein Herz und das des Jungen, der er einst gewesen war, vor sieben langen Jahren, schlugen laut und schnell.

Was ist noch?

Ich will nach Hause.

Hier ist kein Platz für dich.

Bull leckte sich das Fell, so wie eine Seeschwalbe, deren Gelege angegriffen wird, anfängt, sich zu putzen, weil sie sich zwischen Verteidigung und Flucht nicht mehr entscheiden kann. Hans blickte den Mann an und die Axt in seiner Hand. Er fühlte das Messer in der Tasche. Die Möglichkeit, dass sie einander nach dem Leben trachten würden, war jetzt von der Wirklichkeit nur noch durch eine dünne Wand getrennt.

Was willst du mit der Axt?

Was auch immer.

Vater? Bist du es?

Doch der Mann sagte nichts und würde nichts mehr sagen. Stumm stand er da. Hans spuckte die Tränen in den Sand. Er kniete sich zum Mudi, der herbeigekrochen war, schuldbewusst und unterwürfig, nahm seinen Kopf in beide Hände und beschwor ihn.

Ist gut, ist gut, mein Freund.

Bull, der Mudi, weinte.

Ich komme wieder, sagte Hans.

Dann watete er zurück zum Boot und ruderte davon. Er brachte es zurück an seinen Platz, zur Reede, wie versprochen.

Er kam als Ernteknecht bei einem Bauern auf dem Festland unter. Er schnitt den Roggen, band die Garben und karrte sie zur Tenne. Er drosch das Korn und schlief im Stroh, zugedeckt mit einem leeren Sack. Der Bauer gab ihm zu essen und zu trinken und ein wenig Geld. Die Münzen trug er immer bei sich, in einem Kästchen, um sie ja nicht zu verbiegen.

Hans, der Verbannte.

Hans, der nicht wusste, wohin.

Hans, das arme Schwein.

Narbe, so nannte ihn der Bauer. Woher sein Zeichen rührte, wollte er nicht wissen. Auch nicht, wer er war. Hans hatte gute Arme, gute Hände, war duldsam, konnte einen Zentner klaglos tragen, und das reichte.

Narbe, so nannten ihn auch die anderen Tagelöhner. Sie erzählten sich Geschichten, die erfunden waren, aber wahrer als ihr Leben, das, wie sie fanden, doch nicht wahr sein konnte. Hans saß in seiner Ecke, hörte zu und hörte weg. Ein Ernst war ihm zu eigen, der ihnen nicht behagte: Er machte ihren Unernst lächerlich. So äugten sie zu ihm hinüber, ob er nicht doch mal eine Regung zeigte. Er tat es nicht. Sie wurden unruhig.

He, Narbe, sagte einer. Was ist los mit dir?

Ich bin müde, sagte er und legte sich ins Stroh.

Die anderen Knechte wussten nicht, dass die Katze gestern einen Sperling schwer verwundet und dann lieber doch nicht hatte fressen wollen. Sie litt nicht Not: Vögel, Mäuse, Ratten gab es auf dem Hof im Überfluss. Er war für sie ein Zeitvertreib gewesen, ein Spielchen nur. Jetzt war er beinah tot.

Sie wussten nicht, dass Hans die Münzen in seiner Jackentasche aufbewahrte, den Sperling aber in dem Kästchen, auf etwas Moos und weichen Blättern. Und dass er jetzt, bevor er schlafen ging, noch einmal nach ihm sah. Es stand nicht gut um ihn. Er hechelte, die Federn waren ölig.

Komm ich durch, hatte Hans einmal gefragt.

Wird schon wieder, hatte Kalle ihm entgegnet.

Es war so lange her, dass es so gut wie nicht geschehen war. Nur Hans konnte sich erinnern und war jetzt ganz allein damit. Er zog sich den Sack über die Schultern und hörte, wie die Knechte allmählich wieder albern wurden.

Am Morgen, wenn er sein Frühstück vor der Tenne aß, Brot und Butter, ein Stück Speck, sah er den Bussard rütteln, schwerelos im Gleichgewicht der Kräfte. Im raschelnden Getreide zitterte der Hamster ahnungsvoll. Hans sah die Wolken in den Norden ziehen und träumte, wie der Regen, den sie mit sich trugen, auf seine Insel fiel: auf das Gras, die Margeriten und die Malven. Er kaute auf dem Strohhalm, auf den Stunden und den Tagen.

Er dachte an den Mudi. Und der Mudi dachte auch an Hans, dachte an ihn wie an einen Knochen, den er letztes Jahr vergraben hatte. Aber wo?

Dann waren alle Felder abgeerntet, in der letzten Garbe saß der Roggenwolf und ängstigte die Kinder. Die Septembersonne strahlte höhnisch. Am Rand des Dorfs fand eine Kirmes statt, Hans ging hin und schaute. Er wollte, was er nicht vergessen konnte, doch einmal vergessen, für einen Abend nur.

Schießstand, Geisterbahn und Riesenrad: All das kam ihm vor wie eine große, lärmende Maschine. Ein paar Burschen hauten mit dem Hammer auf den Lukas ein. Die Sonde stieg bis fast nach oben, schwebte einen Augenblick und stürzte wieder ab. Als der Lukas dann doch klingelte, bekam einer einen Kuss von einem Mädchen auf die Wange.

In der Reitschule trabten die Haflinger im Kreis, rammdösig und lebensmüde, Klepper, die sie nur noch waren, nach all der Zeit und all den Kreisen. Hans wollte sie befreien. Hinterm Kuriosum brannte die Fritteuse. Halbstarke polierten Halbstarken die Fressen, angefeuert von der Menge. Es roch nach Pisse, Bier und Stroh. In der Menagerie legte sich der Dompteur eine betäubte Schlange um den Hals. Ein Mümmelgreis spielte die Teufelsgeige und brüllte heiser: Rambazamba.

Aus der Schiffschaukel erbrach sich ein Knirps, dem Bremser vor die Füße. Jetzt roch es auch nach Kotze. Im Irrgarten rannte eine Dame gegen eine Scheibe und verbeulte sich den schönen Hut.

Hans trank ein Bier, weil die anderen es taten. Es schmeckte nach flüssigem Holz. Trotzdem trank er noch eins und dann noch eins. Ihm wurde flau, er sah die Dinge und die Leute doppelt und hatte von alldem bald genug gesehen. Er warf das letzte Geld in eine Kirmesorgel, jede Münze, nach und nach, und verbog keine einzige davon. Die Englein spielten, mechanisch zuckend, eine Polonaise. Hans hatte nichts von dem vergessen, was er vergessen wollte.

Eine junge Frau sah ihn dort stehen: den Idioten oder Heiligen, der sein ganzes Geld in diese blöde Orgel warf. Hübsch war er ja, hübscher als die anderen, hübsch und doch verwegen. Sie nahm ihren ganzen Mut zusammen.

Ich heiße Irma. Wie heißt du?

Hans mochte Irmas Stimme: Sie war warm und rau, als glömme Zunder in den Wörtern, die sie sagte. Sie trug ein nicht mehr ganz weißes Kleid, ein Jäckchen über ihren braunen Schultern. In ihrem braunen Nacken, unterm Dutt, kräuselten sich die blonden Haare. Auf dem Kopf trug sie einen Kranz aus Ackerwinden. Ihre Füße waren schmutzig. Über ihr, im Blätterdach der Sommerlinde, drehten sich die bunten Lichter des Kettenkarussells.

Hans.

Das passt zu dir.

Warum?

Du bist mir so ein Hans.

Sie lachte. Er lachte auch, aber senkte seine Lider.

Gehen wir ein paar Schritte?

Warum nicht.

Sie gingen von der Kirmes fort, zurück zum Dorf, er in großen, sie in kleinen Schritten. Sie fragte viel, er sagte Ja und Nein und Weiß ich nicht. Aus der Ferne lärmte die Maschine, wurde leiser und verstummte schließlich. Sie zählten Sterne, sie ein paar, er beinah alle. Dann nahm sie seine Hand.

Du sagst nicht viel.

Was soll ich sagen?

Du musst auch nicht.

Sie gingen durch die Gassen. Sie nahm seinen Arm und legte ihn wie eine Stola um sich. Er fühlte ihre feuchte, vom Nachtwind kühle Haut. Dann standen sie vor ihrem Haus. Tausend Mücken tanzten unter der Laterne. Die Mauer war noch warm vom langen Tag. Sie lehnte sich dagegen.

Kommst du mit rein?

Ich weiß nicht.

Aber ich. Na, komm.

Hans saß die halbe Nacht im Sessel neben ihrem Bett, in dem sie lag. Sie blickte ihn an, er stellte sie sich vor. Die bunten Lichter des Kettenkarussells im Blätterdach der Sommerlinde über ihr: Hans sah sie immer noch sich drehen. Als Irma einschlief, lauschte er lange ihrem ruhigen Atem. Sommerlinden werden alt: Dreihundert Jahre kommen sie, so heißt es, vierhundert Jahre bleiben sie, dreihundert Jahre gehen sie. Dann schlich Hans sich aus dem Zimmer.

Um die Laterne vor dem Haus tanzten weiterhin die Mücken. Eine stach ihn, er erschlug sie. Blut rann über seine Haut und tränkte seinen Ärmel, das Blut der Mücke und auch seins, das sie eben noch gesoffen hatte. Auf dem Gehsteig lag der Blumenkranz, der morgen früh ein Heukranz sein würde. Hans lief die Straße rechts hinauf, weil es dort noch dunkler war als auf der linken Seite.

Der Wal gehört zu keiner Art: Er ist der erste und der letzte seiner eigenen, die keinen Namen hat und haben wird. Er wandert zur gleichen Zeit wie Finnwale, aber auf der Route von Blauwalen, immer allein, und singt dabei sein zu hohes Lied, die Hymne seiner Einsamkeit.

Hat er den Anschluss an die Blauwale verloren?

Ist er zu spät dran für die Finnwale?

Oder geht er beiden aus dem Weg?

Niemand weiß es, am wenigsten er selbst. Seine Geschichte ist traurig oder schön. Vielleicht ist sie auch beides.

Hans zog weiter durch das Land. Im Winter schlug er Holz für die Öfen und die Sägewerke. Im Frühjahr half er bei der Aussaat, im Sommer bei der Ernte. Im Herbst pflügte er die Felder, zwei Ochsen vor sich unterm Zuggeschirr. Den Oktober über sah er nur die Ärsche dieser Ochsen. Dann schlug er wieder Holz. Es begann von vorn und war das Gleiche. Er tat, was anfiel, nahm den Lohn entgegen und zog weiter.

Fische laichten, Fischer fischten. Der See wechselte sein Wasser aus, die Flüsse halfen ihm dabei. Sein Spiegel stieg, sein Spiegel sank und stieg dann wieder. Er fror zu und taute auf, viele, viele Male. Wie lang war es her, dass Hans am Ufer seiner Insel gestanden hatte?

Er kannte ein Märchen, die Mutter hatte es ihm oft erzählt, als er ein kleiner Junge gewesen war. Er hatte es immer wieder hören wollen: Auf dem Grund eines Sees liege ein Dorf, versunken vor ewiger Zeit, der immer noch wirksame Fluch einer verärgerten Hexe. In den Raunächten aber höre man die Glocken des alten Kirchturms läuten, als riefen sie die Leute zur Messe.

Woher kommst du, fragten die Kollegen Hans.

Er zuckte mit den Schultern. Manche glaubten, er sei stumm. Manche hielten ihn für dämlich. Manche hatten Angst vor ihm. Er ließ sie ihnen.

War er seinen Eltern ähnlich? Klang sein

Schweigen so wie ihres? Kinder bleiben Kinder, solang die Eltern noch am Leben sind. Kann ein Mann denn eine Waise sein?

Er dachte oft an Kalle. Wo war er wohl? Wer war er jetzt? Er dachte daran, wie sie Soldaten gespielt hatten, damals, als sie Kinder gewesen waren und Freunde. Waren sie es noch? Wen hatte er je so gern gehabt wie Kalle? Er dachte an den letzten Heimweg, die letzte Sonne, ihre letzten Schatten und den letzten Abschied.

Bis morgen dann.

Bis morgen.

An einem schönen Nachmittag im September eines jener vielen Jahre sah Hans einen Trauerzug eine Dorfstraße hinunterschreiten. Streng, gemessen, beinah rückwärts ging er seines Weges, als wollte er zurück ins Leben. Greisinnen und Greise, Mädchen und Jungen, die vier Sargträger, mit verschlossenen Gesichtern, die die Last und Mühsal kaum verrieten, der Pastor und die Witwe, gestützt von ihren Söhnen: Sie alle trugen Schwarz. Der Septembernachmittag blieb schön, auch wenn der arme Mann, der unterm Bahrtuch lag, gestorben war und die Leute um ihn trauerten.

Hans lief ein Stück mit, doch langsam und nur bis zur übernächsten Kreuzung. Dann ließ er die Trauernden davonziehen, zur kleinen Kapelle vor dem Dorf. Zwei Tauben kamen nickend hinterdrein wie ägyptische Orakel und ruckelten an Hans vorüber. Sie bogen ab in Richtung Bäckerei, so zielstrebig und rasch, als müssten sie etwas Dringendes erledigen, aber hörten dabei nicht auf zu nicken. Sie nickten und nickten und bejahten nickend alle Fragen, die noch offen waren.

V.

Am Tag, nachdem Hans die Tauben und den Trauerzug gesehen hatte, stand er wieder an der Reede, auf dem Steg. Er blickte auf den See hinaus, auf seine glatte blaue Fläche und blickte bis auf seinen Grund: Dort lagen all die Steine, die er einst geworfen hatte. Einen Fischer, der vorüberlief, grüßte er mit einem Nicken. Der Fischer nickte auch. Kann es sein, dass da draußen noch immer Amerika liegt? Der Gimpel rief heiser in der Fichtenschonung.

Diesmal lieh Hans das Boot nicht, er stahl es einfach. Es war jetzt einerlei. Er näherte sich der Insel in der Abenddämmerung, der halbe Mond ruhte hinter den Wolken über ihm. Die Brise ging so sacht, wie eine Schwester auf den wunden Finger ihres kleinen Bruders pustet.

Hans legte an und lief die Böschung hoch zum Haus. Bull, der Mudi, gab keinen Laut mehr von sich: Er war nur noch ein Geist, der einen hellen Schatten bei den Tannen warf. Hans schluchzte einmal leise auf, biss sich in die Hand, dann lief er weiter. Im Himmel, da wird meine Wohnung sein, stand über der Tür in schartigen Lettern.

He, rief Hans. Ist jemand da?

Er klopfte an. Dann noch mal. Ein schwaches Licht schien in den Fenstern auf. Er hörte schwerelose Schritte. Die Tür blieb geschlossen, aber noch fester als zuvor: Jemand stand dahinter und zog die Klinke zu sich.

Wer ist da?

Ich bin es.

Wer sind Sie?

Hans.

Welcher Hans?

Mach die Tür auf, Mutter. Bitte.

Sie öffnete die Tür, erst einen Spalt breit, schließlich ganz. Sie sah ihn an. Sie wollte glauben, dass es ihr Sohn war, der da vor ihr stand, und konnte es doch nicht.

Hans, sagte sie.

Zögernd hob sie die Hand, nahm sie zurück und hob sie wieder, um ihn mit aller Vorsicht zu berühren, damit er nicht verschwände, erst am Unterarm, dann an der Schulter, im Gesicht. Sie streichelte zitternd seine Narbe.

Hans, sagte sie entgeistert. Mein Hans. Was ist geschehen?

Die Zeit hat mich vergessen, sagte er.

Sie lächelte. Aschgrau war ihr Haar geworden, sie trug es offen. Sie war eine jener wirren Greisinnen geworden, die spät noch einmal glauben, wieder jung zu sein: ein uraltes Mädchen.

Hans, sagte sie noch einmal.

Sie sagte es, als hätte sie ihn oftmals vor sich stehen sehen, in all den Jahren, auf der Schwelle dieses Hauses, als begriffe sie noch immer nicht, dass er jetzt wirklich vor ihr stand: Hans, ihr Sohn.

Wo ist Vater, fragte er.

Im Bett, sagte sie. Er ist krank und schwach.

Hans ging durch die Stube in die Kammer. Da lag der Vater und war tot, das sah er gleich, seit Stunden, Tagen schon. Seit wann auch immer. Hans war zu spät gekommen. Und alles war zu spät: der Abend, der Wecker auf dem Nachttisch, das Licht der Öllampe, das den Raum noch dunkler machte, als er ohnehin schon war. Zu spät war alles, und kalt war die Hand des Vaters auf der Decke, als Hans sie nahm und fühlte.

Hans öffnete den Kleiderschrank und nahm den schwarzen Anzug vom Bügel, den der Vater zu Taufen, Hochzeiten und Bestattungen getragen hatte. Er zog ihn an, er passte ihm, nur an den Armen war er etwas kurz.

Still war es jetzt im Haus und auf der Insel, so still, wie Hans es kannte, und noch stiller: als schwiege die Stille selbst, als nähme sie Anteil an dem Tod des Vaters, ihres engsten Verbündeten. Wie kann etwas, das so groß ist wie dieser See, keinen Laut von sich geben? Jemand müsste es erforschen.

Hans erinnerte sich an hundert Arten der Stille, die zusammengeflossen waren zu einer großen wie die Flüsse in den See. An die Kälte im Mantel des Vaters, an seine Nägel, deren Ränder schwarz blieben, solange er sie bürsten mochte, auch jetzt noch. So kannst du nicht hinübergehen, dachte er, nahm das Messer aus der Tasche, das der Vater ihm zu Weihnachten geschenkt hatte, und kratzte mit der Spitze den Dreck aus den Nägeln der zehn toten, kalten Finger.

Er erinnerte sich an die zweihundertsechzig und eine Blume auf der Tapete. An die faden Rauchsäulen, die an jenem fernen Morgen aufgestiegen waren, als sie das Haus verlassen hatten. Wie hatte die Warnung wohl gelautet? Hans musste lachen, aus einem ihm unbekannten Grund: Es war ein um Jahre verzögertes Lachen, das Lachen eines kleinen Jungen. Den Daumen noch, dann sind die Nägel sauber, dann bist du fein, dann kannst du gehen.

Er erinnerte sich an die Geburt des einen Lamms und an den Tod des anderen in der Nacht zum Palmsonntag. An den Zapfen mit Tränen aus Harz, die zwei Scherben der schon ewig zerbrochenen Tasse, die Schale des Singdrosseleis, blau wie Topas, und die zwei Blätter aus dem Laub des jetzt längst vergangenen Sommers. An die frohe Botschaft in der Heiligen Nacht. Dass er gedacht hatte, an diesem Abend wende sich alles zum Guten. An die verdorrte Kirsche in seiner Hand.

Er erinnerte sich an das Märchen der Mutter: das Dorf auf dem Grund eines Sees, versunken vor ewiger Zeit, die Glocken in den Raunächten, die noch immer zur Messe riefen. Er erinnerte sich, dass er damals schon geahnt hatte: Vielleicht ist es gar kein Märchen, das die Mutter mir erzählt. Es ist vielleicht eine wahre Geschichte.

Er erinnerte sich, dass sie ihm zum Einschlafen ein Lied vorgesungen hatte, als ihr nach Singen noch zumute gewesen war: Morgen früh, wenn Gott will, hatte sie gesungen, wirst du wieder geweckt. Er erinnerte sich, dass er mitunter wach gelegen und sich gefragt hatte: Und was, wenn Gott gar nicht will?

Hans ging zurück in die Stube, hakte die Mutter unter, half ihr hoch und führte sie sacht aus dem Haus, hinunter ans Ufer.

Vorsichtig, sagte er, nicht, dass du stürzt.

Ja, sagte die Mutter, nicht, dass ich stürze.

Er nahm einen Stein und warf ihn hinaus auf den See, hoch und sehr weit. Er zählte die Sekunden, bis er dort draußen unsichtbar ins Wasser fiel.

Er zählte bis zehn.

Er zählte bis hundert.

Doch der Stein traf nie auf. So auch der zweite nicht und alle danach.

Die Mutter saß auf dem Findling, das uralte Mädchen. Was hatte sie hierher verschlagen, die Mutter, Hans und den Findling? War es ihr Wille gewesen? Die Gunst der Stunde? Der einzige Ausweg? Oder bloß ein Los, das ihnen zugefallen war aus der sich ständig drehenden Trommel? All das wusste Hans nicht. Er wusste nicht einmal, wie spät es jetzt war.

Da hinten, sagte die Mutter schließlich, wird der Himmel wieder blau. Und wirklich: Ein neuer Morgen nahte bereits.

Hans hatte eine Kiste gezimmert, einen dürftigen Sarg, und seine alte, wirre, wieder junge Mutter mit den aschgrauen Haaren hatte ihn von der Stube aus sägen, hobeln und hämmern hören.

Ist der für mich, fragte sie. Sie klang freudig.

Nein, sagte Hans. Du lebst doch noch, Mutter.

Ach, ja. Ja, ja. Ich lebe ja noch.

Noch war die Erde weich genug. Hans hob ein Grab aus, am Rand des Wäldchens, sieben Fuß lang und vier breit, und zerrte die Kiste dorthin. Der tote Vater machte sich schwer. Hans zerrte die Kiste stolpernd, fallend und blind. Dann ließ er sie hinab in das Grab, das eine Ende des Seils an den Stamm einer Birke geknotet, das andere fest in beiden Händen.

Es war kein leichtes Unterfangen: Er fürchtete, das Seil würde reißen, die Kiste hinabstürzen, die Latten zerbrechen, der Vater erwachen und noch einmal sagen: Selbst zum Milchholen bist du zu dumm, fällst hin und verbiegst die Münze.

Doch schließlich gelang es, und der Vater verstummte für immer. Hans ließ das Seil los, es fiel in das Grab. Er warf Erde auf die Kiste, erst eine Handvoll, dann den ganzen Rest vom Haufen.

Die Mutter saß auf der Bank bei den Tannen, die ihr beistanden wie nahe Verwandte. Sie summte ein Lied, das sie einmal gekannt hatte, ganz leise und lieb.

Zwei Jahre vergingen, zwei andere kamen und vergingen dann auch. Wasser tropfte aus der Rinne in die Tonne vor dem Haus, als zählte es, was kommt, wenn die Zeit ihre Bedeutung verloren hat.

Im Herbst suchte Hans im Laub des Wäldchens die Blätter des Sommers, in dem er glücklich gewesen war. Die Dohlen zogen in den Süden, andere kamen aus dem hohen Norden. Manche fanden eine Wohnung in den Höhlen, die die Spechte ins tote Holz gezimmert hatten, manche saßen frierend im Gebälk des Stalls. Ob die, die fortgeflogen waren, dorthin, wo es wärmer war, je zurückkehren würden, wussten sie selber noch nicht. Der Wind fegte die Gischt bis an die Fenster des Hauses und durch sie hindurch.

Der Winter brach herein, und der Schnee, nach dem es schon seit Tagen gerochen hatte, ging jetzt auch auf die Insel nieder. Die Flocken fielen schwer, nass und plump. Die Tannen bogen sich unter ihrer weißen Last. Hans machte Feuer, fütterte die Schafe, karrte den Mist weg, hackte Holz und machte wieder Feuer. Die Mutter saß am Tisch und blickte ratlos auf den Brei, den er ihr hinstellte.

Du musst was essen, sagte er.

Ich kenne Sie, mein Herr. Wie ist Ihr Name?

Ich bin dein Sohn.

Ja, ja.

Er aß den Brei, erst seinen und dann ihren. So

saßen sie jeden Abend beieinander. Sie schwiegen nicht, sie sagten nur nichts mehr.

Im Frühjahr kehrten die Dohlen aus dem Süden doch zurück, die anderen flogen wieder in den hohen Norden. Es machte keinen Unterschied: Sie saßen genauso in den Ästen und sangen die immer gleichen Lieder von Liebe, Angst und Hunger. Die Mutter verließ das Haus nicht mehr. Sie saß in der Stube und legte eine Patience. Herz Bube auf Karo vier, Kreuz König auf Pik sieben: Etwas stimmte hier nicht recht, aber sie wusste nicht, was. Sie nahm die Karten wieder auf, legte sie erneut und sagte: Ach, herrje. Sie wurde immer kleiner, immer weißer, eine durchsichtige Zwergin, im Dunkel ganz schwach leuchtend.

Bist du müde, fragte Hans.

Ja, sagte die Mutter. Sehr.

Er trug sie zu Bett, ihren leichten, gläsernen Körper, deckte sie zu und sang für sie das alte Wiegenlied: Morgen früh, wenn Gott will, wirst du wieder geweckt. Aber dann wollte Gott nicht mehr und die Mutter auch nicht. Wächsern und hohl waren ihre Wangen, als Hans in der Kammer nach ihr sah. War ihr denn immer noch kalt?

Er erinnerte sich, dass er einmal gehört hatte, in der Heiligen Nacht sprächen die Tiere zu den Menschen.

Er erinnerte sich an die kaputte Uhr des Vaters, an das geborstene Glas, an die verbogenen Zeiger, an die Stille aller Uhren zwischen den Sekunden.

Er erinnerte sich an das geheime Wissen der Wände, die immerzu geraunt hatten: Es ist etwas geschehen, das du nicht wissen kannst, nicht wissen darfst, du bist noch viel zu klein. Es ist zu schwer für dich, Hans. Und nun sei auch du still. Stell bloß keine Fragen. Pssst, Junge, pssst. Mach ja keinen Mucks.

Er erinnerte sich an die Schätze, die er mit Kalle vergraben hatte, an die Münzen. Doch er erinnerte sich nicht mehr, wo sie jetzt lagen. Er erinnerte sich an die Nacht, in der der Rotfuchs die Hühner im Stall gerissen und sie alle hatte liegen lassen, bis auf eines.

Er erinnerte sich, dass die Mutter geglaubt hatte, er vergesse immer wieder die Zeit. Er erinnerte sich, dass es umgekehrt gewesen war. Was tat die Zeit jetzt wohl mit der Mutter?

Die Erde war gefroren und hart. Hans hackte mit der Picke ein Loch für die Kiste hinein, sechs Fuß lang und drei breit. Unter dem Frost stieg seltsam warme Luft hervor. Es dampfte. Der Atem blinder Tiere, dachte Hans, auch der Wurzeln und der Erde selbst. Er hackte und fror und hackte und schwitzte und trieb das Loch immer tiefer, bis er es tief genug fand.

Er beerdigte die Mutter unweit des Vaters. Sein Grab wies nach Osten, ihres nach Westen. Bevor Hans es schloss, warf er die zwei Scherben der schon ewig zerbrochenen Tasse hinein.

Ist jetzt alles wieder gut, Marie?

In der Ferne, so war ihm, läuteten die Glocken des versunkenen Kirchturms.

Ein Schiffer kam, der längst ein anderer war als der von damals, mit einem anderen Gesicht, ohne Kappe, Drillich und die Plauze, auf einem anderen Kahn. Er brachte, was Hans zum Leben noch brauchte: Es war nicht viel.

Bist du der Neue, fragte er.

Hans nickte.

Wo ist der Alte?

Wo auch immer.

Der Schiffer fragte nichts weiter. Er kam bloß zweimal im Jahr mit dem Kahn herüber, lud ab, lud auf und fuhr über den See zurück zum Festland.

Hans blickte ihm nach. Er blieb auf der Insel und wurde eins mit ihr: Moos wuchs auf seinen Wangen, ein grünlich brauner Backenbart. Seine Augen wurden hellblau, trüb und wässrig, seine Knochen morsche Äste. Sein Herz versteinerte, warm nur noch von der Sonne eines langen Sommertags zuvor.

Hans wurde fünfzig, sechzig und dann siebzig,

ungefähr. Aus dem alten Wandbild waren die Fischer längst verschwunden. Der Wels schwamm dahin, frei, doch ohne sein Glück je zu begreifen.

In irgendeinem Mai nahm der Schiffer das letzte Schaf mit, das noch von der Herde übrig war.

Mehr hast du nicht?

Nein. Das war es.

Der Stall verfiel. Fledermäuse zogen ein und verschliefen dort die Tage. Dann verfiel auch noch das Haus: Es hatte sich dem Wind nicht mehr entgegenstemmen wollen, war erschöpft dahingesunken und blieb für immer liegen, allmählich verrottend, eine Bretterhöhle nur, in die Hans am Abend kroch. Kälte ist angenehm, wenn man ein Feuer macht, dachte er. Doch er machte keines mehr.

Hier findet mich keiner. Nicht wahr?

Hier bin ich sicher. Bestimmt.

Wo bist du, Kalle?

Doch er wusste nicht mal mehr, wo das hölzerne Männchen jetzt war. Wie sollte er es suchen? Hans war beinah blind.

Einmal, während Hans sich versteckt gehalten hatte, war Kalle dann doch nach Hause gelaufen. Sein Rufen hatte sich entfernt und sich nicht mehr genähert. Hans war noch lang auf den Schreck gefasst geblieben, auf das jähe Ende der allzu kurzen Ewigkeit, auf den kreischend durchs Dickicht preschenden Freund: Hab dich.

Aber Kalle hatte ihn nicht gefunden. Er hatte die Suche eingestellt. Er hatte aufgegeben, war heimgegangen, allein und ohne noch ein Wort zu sagen. Hans hatte gewonnen und verloren.

So war er schließlich aus dem Unterschlupf gekrochen und hatte allein auf der Lichtung gestanden, im milden, schweren Abendlicht. Er hatte mit dem Schuh im Sand gescharrt, um Staub aufzuwirbeln und eine Wolke zu machen, in der Hoffnung, in ihr zu verschwinden. Doch sie war nur wieder um seine Sandalen geschwebt und hatte sich gelegt. Dann war auch Hans nach Hause gelaufen.

Was ist Verstecken für ein tristes Spiel, wenn niemand mehr nach einem sucht?

Singt der alte Wal noch seine Hymne, die niemand hören kann? Wie alt will er noch werden? Im Fleisch mancher Wale hat man die Spitzen von Harpunen gefunden, die vor zweihundert Jahren gefertigt worden sind. Die Jäger sind längst tot, auch ihre Kinder, Enkel, deren Kinder, deren Enkel. Die Wale haben sie alle überlebt, mit Harpunenspitzen in den Flanken. Haben sie Angst vor dem Tod? Hinabzusinken auf den dunklen Grund, der ihr Leben lang unter ihnen gelauert hat? Was wissen sie vom Leben?

Und was ist mit Hans: Ist seine Geschichte traurig? Ist sie schön? Ist sie beides? Gibt es Hans noch? Gab es ihn je?

Alles liegt jetzt wieder da in verschattetem Blau, dem müden Licht eines Traums, der einmal wahr gewesen ist.

Ich hab ihn gesehen, lallt der Schiffer in der Kneipe auf dem Festland nach dem fünften, sechsten Schnaps. Ich schwöre euch, es gibt ihn. Da draußen auf der Insel wohnt er. Er hebt den Arm und zeigt in eine falsche Richtung, besoffen, wie er ist. Er erzählt so lange, oft und wirr von ihm, dem Mann da draußen, dass niemand ihm mehr zuhören will.

Du und deine Schauermärchen, sagen die Leute nur noch. Hör bloß auf.

Auch anderswo gibt es Legenden: Der wilde Ochsner streife umher, so heißt es, sammle die Sünden der Christenmenschen ein und fahre, damit beladen, am Martinstag zur Hölle. Der Bergmönch lasse Stollen einstürzen und berge dann feixend die Verschütteten. Und der Hakenmann zerre, wenn es dunkel werde, mit seinem eisernen Finger die Kinder zu sich in den trüben Weiher. Lauter Schauergestalten, und Hans ist jetzt eine von ihnen: ein Dämon, ein Wassergeist, ein Gespenst auf, im und über dem See. An manchen Tagen und in allen Nächten fürchtet er sich vor sich selbst. Und auch die Leute auf dem Festland warnen ihre Kleinen: Geht ja nicht zu nah ans Ufer, sonst holt er euch, der Inselmann.

Am Ende bleibt nur das Gerede. Dass Hans noch lebe, immer noch da draußen sei, dass es ihn je gegeben habe, das könne doch nicht angehen, sagen die Leute. Die einen lachen, wenn sie nach ihm gefragt werden: Ja, als sie jung gewesen seien, hätten sie an den Inselmann geglaubt. Aber jetzt doch nicht mehr. Sie lachen erleichtert und etwas zu laut. Die anderen sagen, sie hätten all das schon immer für eine Sage gehalten: Wer hause denn ganz allein auf dem See? Wer sei so verrückt? Sie schütteln den Kopf. Nein, nein. Das kann keiner glauben. Nein, nein. Das ist nicht wahr.

Am Rand sitzt Karl-Georg, der alte Karl-Georg, auf seinem Stuhl und schweigt zu alldem.

Karl-Georg schweigt, die anderen reden und reden und schütteln den Kopf.

Aber ist Hans denn nicht am Leben gewesen?

Er ist es doch noch. Oder nicht?
Hans, der Verblassende.
Hans, den die Zeit einst vergaß.
Hans, der Erste und Letzte.

Und will dich wieder herbringen in dies Land: Blind blickt er vom Findling aus auf den nebligen See. Was von Dauer schien, ist vorübergegangen. Nur die Insel bleibt, was sie immer schon gewesen ist: der Gipfel eines Bergs, der aus dem Wasser ragt, geformt von einem Gletscher im Winter der Welt.

Hans selbst ist nur noch Stille. Und er wird die Stille sein, die er zurücklässt, sehr bald, vielleicht schon morgen. Seine Geschichte, traurig, schön, geht jetzt zu Ende. Ein weiterer Stein nur sinkt in die Tiefe und verschwindet für immer. Die konzentrischen Kreise dehnen sich aus und brechen lautlos am Ufer. Dann verschwinden auch sie.

Schade um sie, aber wer trauert um Wellen?

Aus Verantwortung für die Umwelt hat sich der *Verlag Kiepenheuer & Witsch* zu einer nachhaltigen Buchproduktion verpflichtet. Der bewusste Umgang mit unseren Ressourcen, der Schutz unseres Klimas und der Natur gehören zu unseren obersten Unternehmenszielen.

Gemeinsam mit unseren Partnern und Lieferanten setzen wir uns für eine klimaneutrale Buchproduktion ein, die den Erwerb von Klimazertifikaten zur Kompensation des CO_2-Ausstoßes einschließt.

Weitere Informationen finden Sie unter:
www.klimaneutralerverlag.de

Zitatnachweis
Das Zitat auf S. 5 stammt aus: Tomas Tranströmer, *April und Schweigen,* in: Sämtliche Gedichte, Aus dem Schwedischen von Hanns Grössel, 1997, Carl Hanser Verlag

MIX
Papier | Fördert gute Waldnutzung
FSC® C083411

1. Auflage 2023

Covergestaltung: Barbara Thoben, Köln
Covermotiv und Autorenporträt: © Tobias Kruse/OSTKREUZ
Gesetzt aus der Aldus LT
Satz: Buch-Werkstatt GmbH, Bad Aibling
Druck und Bindung: CPI books GmbH, Leck

ISBN 978-3-462-00025-2

Mit Dank an Jonas Becker.